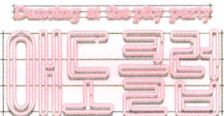

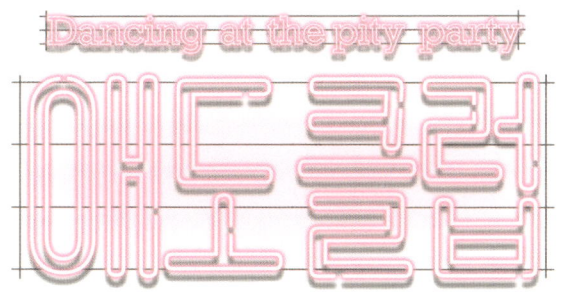

타일러 페더 글·그림 | 박다솜 옮김

문학동네

DANCING AT THE PITY PARTY by Tyler Feder
Copyright©2020 by Tyler Feder

All rights reserved including the right of reproduction in whole or in part in any form.
This Korean edition was published by Munhakdongne Publishing Group in 2022 by arrangement with Dial Books for Young Readers, an imprint of Penguin Young Readers Group, a division of Penguin Random House LLC through KCC(Korea Copyright Center Inc.), Seoul.

이 책은 (주)한국저작권센터(KCC)를 통한 저작권자와의 독점계약으로 (주)문학동네에서 출간되었습니다.
저작권법에 의해 한국 내에서 보호를 받는 저작물이므로 무단전재와 복제를 금합니다.

《당연히》
엄마께 이 책을 바친다

서문

우리 문화는 죽음과 기묘한 관계를 맺고 있다.

죽음에 대한 이야기는 진부한 상투어구로 쓰이거나

과장된 공포영화에만 나오니까.

죽음은 슬프고, 정말 무서울 수도 있다……

하지만 우리 모두 언젠간 죽는다.
완곡어법과 고어영화 사이만 오가는 건,
이 사실을 건전하게 받아들이는 데 도움이 되지 않는다.

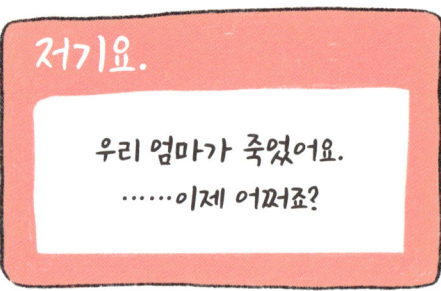

나는 미숙했고 안절부절못했다. 무엇보다 아무도 이 일을 터놓고 이야기하지 않았다는 게 최악이었다.

아빠와 두 여동생이 나와 같은 편인 건 분명했지만

저마다 각자의 슬픔에 빠져 지냈기에 나무 대신 숲을 보지 못했다.

마르코? 폴로! 마르코? 폴로!

친구들은 다정했고

엄마와 나의 사진

교수님들도 놀라울 만큼 나를 잘 이해해주셨다.

제2장 투표

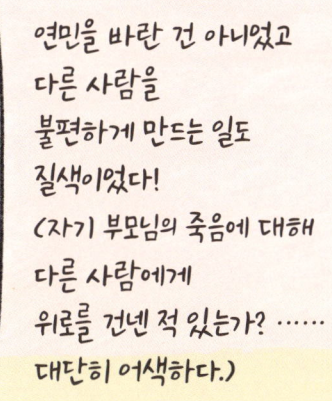

슬픔을 무작정 덮으려들지 않으며 이를 부드럽게 보듬어주는 책(이나 영화나 웹사이트나 어쩌면 스냅챗 스토리)을 여전히 찾아 헤매는 중이다.

이 책을 우리 엄마와 나에게, 그리고 사랑하는 이를 잃고 괴로움에 빠져 누군가에게 이해받기만을 바라는 모든 사람에게 <u>바친다.</u>

1장

엄마

제일 먼저, 한 가지 확실히 해둘 게 있다.

우리 엄마는 진짜 쿨했다.

엄마는 병상에 누워 죽을 날만 기다리는 딱한 병자가 아니었다. (실제로 병상에 누워 죽을 날만 기다리는 딱한 병자일 때조차도.)

어때, 모자를 쓰니까 좀 세련돼 보이니?

지금도, 엄마가 살아 계셨더라면 내 삶에 어떻게 반응했을지 너무나 쉽게 상상이 간다.

빨간색으로 사!

그만큼 엄마는 내게 지워지지 않을 흔적을 남겼다.

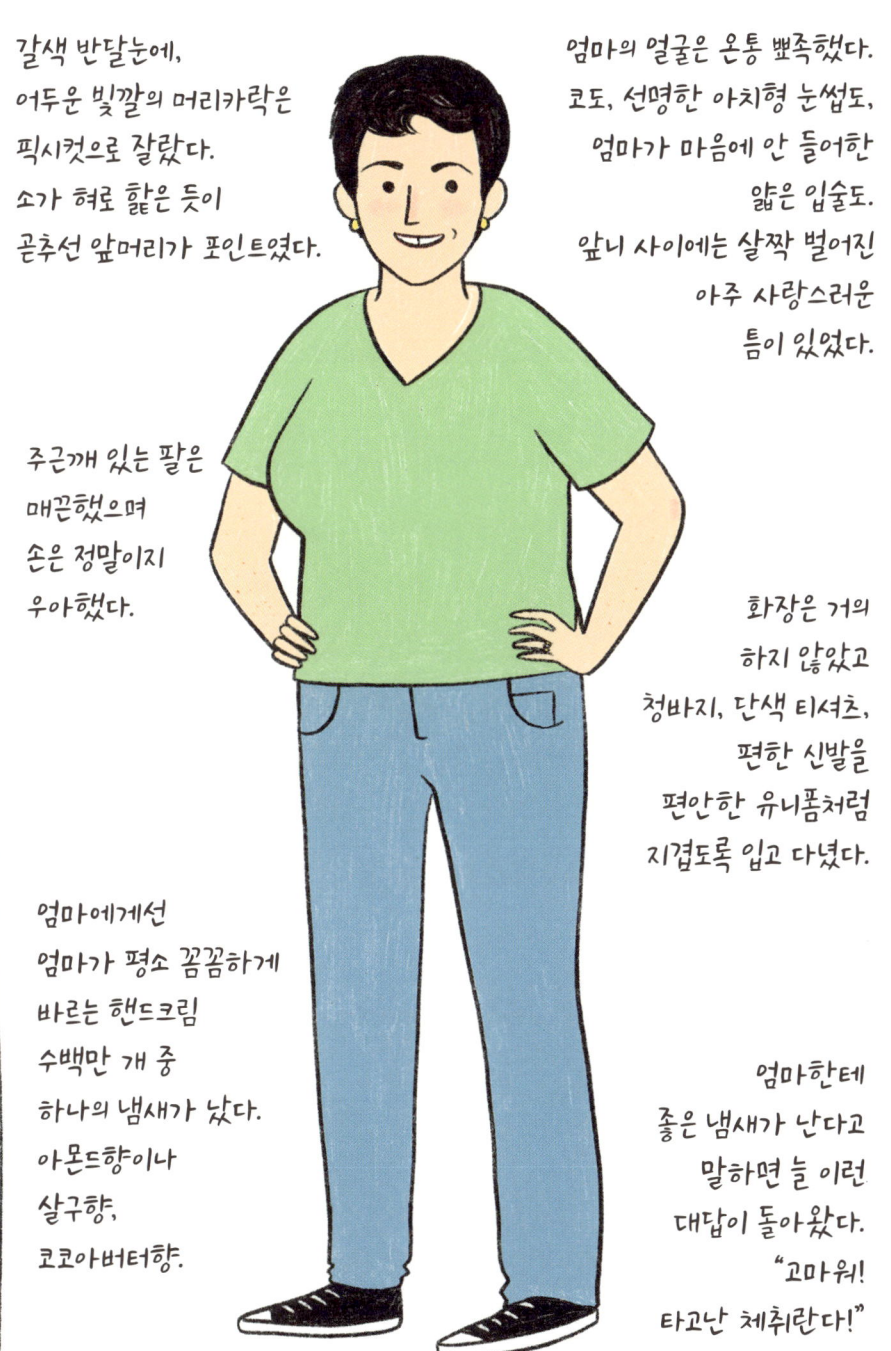

엄마는 키가 170cm로, 나보다 2cm 정도 작았다.

갈색 반달눈에,
어두운 빛깔의 머리카락은
픽시컷으로 잘랐다.
소가 혀로 핥은 듯이
곤두선 앞머리가 포인트였다.

엄마의 얼굴은 온통 뾰족했다.
코도, 선명한 아치형 눈썹도,
엄마가 마음에 안 들어한
얇은 입술도.
앞니 사이에는 살짝 벌어진
아주 사랑스러운
틈이 있었다.

주근깨 있는 팔은
매끈했으며
손은 정말이지
우아했다.

화장은 거의
하지 않았고
청바지, 단색 티셔츠,
편한 신발을
편안한 유니폼처럼
지겹도록 입고 다녔다.

엄마에게선
엄마가 평소 꼼꼼하게
바르는 핸드크림
수백만 개 중
하나의 냄새가 났다.
아몬드향이나
살구향,
코코아버터향.

엄마한테
좋은 냄새가 난다고
말하면 늘 이런
대답이 돌아왔다.
"고마워!
타고난 체취란다!"

밖에서 엄마는 조용하고 공손했지만, '유치한' 유머 감각을 발휘하기도 했다. 엄마의 특기는 엄청나게 진지한 얼굴로 식료품점 통로를 걷다가 눈 깜짝할 사이에 토끼뜀으로 모퉁이를 돌고선 아무 일 없었다는 듯 다시 옆 통로로 걸어가기였다.

어느 토요일 아침에는 엄마랑 함께 만화 <우당탕탕 로코와 친구들>을 봤는데 엄마가 웃다가 소파에서 굴러떨어진 적도 있었다.

엄마는 내 '채소' 발음을 놀렸고

다시 말해봐!

초애소.

드라마 <브래디 번치>에서 얀이 하는 민망한 치어리딩 루틴을 엄청 웃기게 따라 했다.

초집중한 표정

극적인 2cm 점프

어렸을 적 내가 다쳐서 돌아오면, 엄마는 직접 만든 '뽀뽀 청소기'로 통증을 덜어주곤 했다.

엄마는 전화 거는 걸 끔찍이 싫어했지만
무서운 놀이기구 타는 건 좋아했다.

언젠가 온 가족이
놀이공원에 놀러갔는데,
엄마가 '공포의 도끼'라는 무시무시한
놀이기구를 기필코 타야 한다고
고집을 부렸다.

(당연히) 아무도 같이 타겠다고
나서지 않았지만
엄마는 개의치 않았다.

겁에 질려 올려다보는 우리에게
엄마는 태평하게
손키스까지 날렸다!!

나는 엄마가 영웅 같다고 생각했다.
저러다가 엄마가 죽을 거라고도 생각했다.
(그 생각은 현실이 되었다. 몇 년 뒤 일이지만.)

엄마는 나를 끊임없이 편안하게 해주는
특별한 능력 몇 가지를 갖췄다.

엄마와의 추억 중에
6학년 때 우리 사이에 반복된 소소한 아침 루틴이 가장 소중하다.
그해는 여동생 둘이 아직 초등학생이고 나만 중학생이라
혼자 꼭두새벽에 일어나야 했다.

쫓겨나는 순간엔 미치는 줄 알았지만, 지금은 그 순간이 엄마와 나의 관계를 빗댄 은유의 도시로 가는 편도 열차 같다는 생각이 든다. ☹

엄마는 신비롭고, 믿음직스럽고, 너무너무 재미있는 사람이었다. 딱 한 번만 더 엄마랑 같이 이불 속으로 기어들어갈 수 있다면, 뭐든 내어줄 테다. 휴우우우우!

엄마를 떠올리게 하는 현실 속 그리고 가상의 인물
(그리고 고양이 한 마리)

엘리자베스 제임스
(1998년 영화 <페어런트 트랩> 속 엄마)

이 배역을 연기한 너태샤 리처드슨은 우리 엄마랑 같은 주에 죽었다!

우아하고, 창의적이며, 장난기 있어서.

만화영화 <아리스토캣>의 더치스

나는 세 아이 중 마리에 해당한다.

상냥하고 포근하며 아이가 셋이라서.

제이미 리 커티스

엄마도 이 헤어스타일을 하면 아주 매력적이었을 것이다.

대담한 짧은 머리로 비슷한 분위기를 풍겨서.

다이애나 왕세자비

마찬가지로 젊은 나이에 죽었다!

사람들을 편안하게 해주는 차분한 따스함을 지녀서.

티나 페이

특히 시카고 올드타운의 세컨드 시티 극단 시절 사진과 너무 닮았다. 맙소사.

짙은 눈동자, 뾰족한 얼굴, 날카로운 위트가 닮아서.

<메리 포핀스>의 메리 포핀스

엄마가 제일 좋아하는 영화다!

진지하면서도 실없는 사람이라서.

2장

말도 안 되는 일

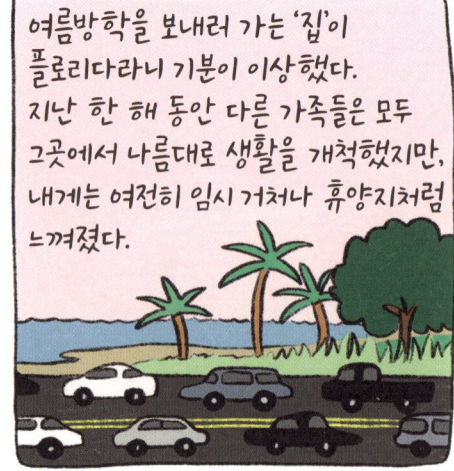

맨 처음 찾아간 의사는 소화기 문제라고 여겼다.
또다른 의사는 엄마의 갈비뼈가 부러진 건 아닌지 의심했다.

그러니까, 다 무의미한 소리였던 셈이다.
감염일지도 모른다,
뭔가에 알레르기가 있어서일지도 모른다,
관리하면 괜찮은 질환인지도 모른다……

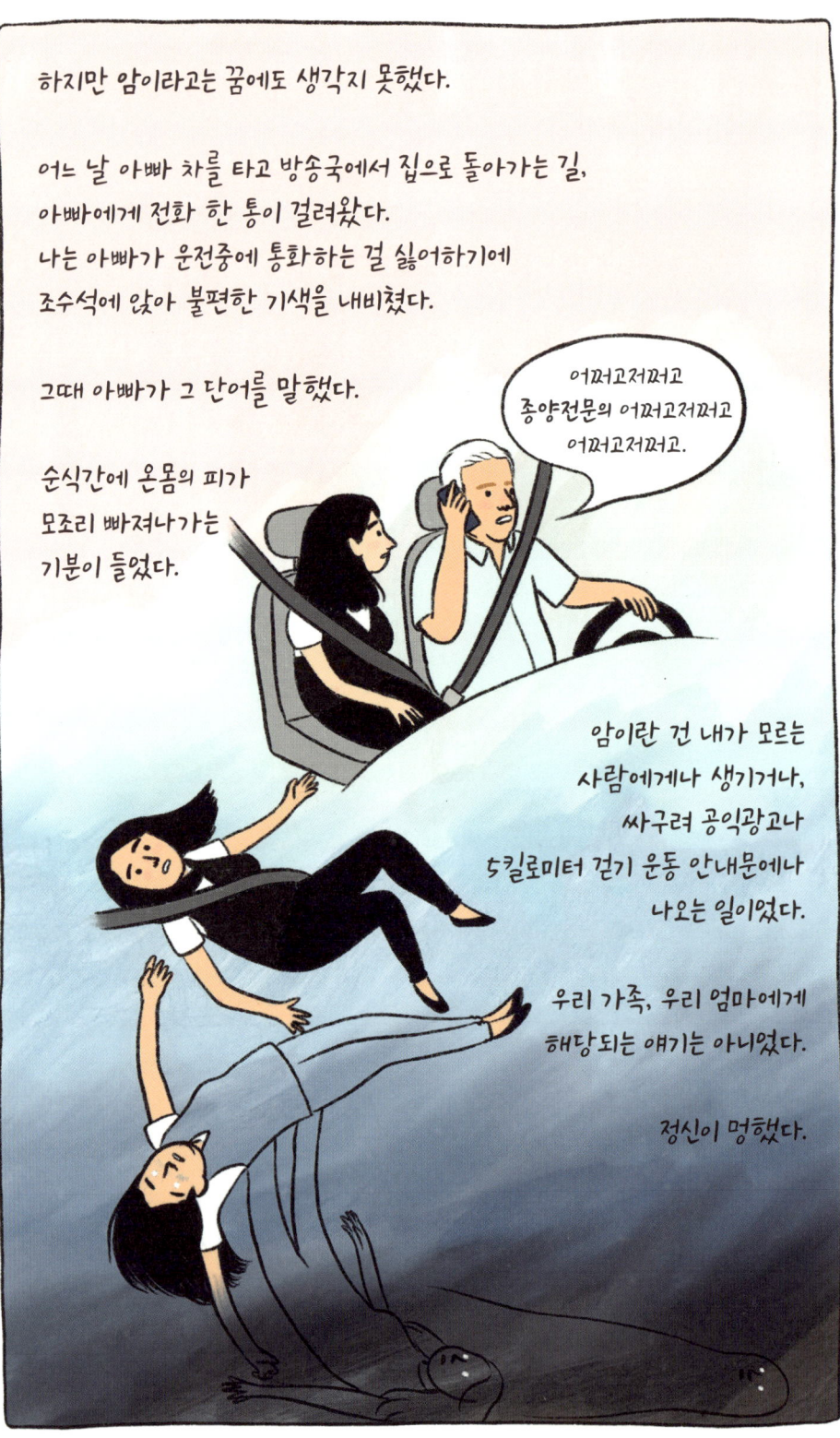

아빠와 함께 집에 돌아와보니
스펜서가 부엌에서
아침식사를 준비하고 있었다.

지금은 기억이 흐려졌지만,
아빠와 나 둘 중 한 사람이
스펜서에게 엄마가 종양전문의에게
진료를 받기로 했다는
소식을 전했다.

종양전문의가
뭔데?

신이시여. 그게 뭔지부터
설명해야 했다.

아빠와 스펜서는 감정을 추스르러 방을 나갔고, 나는 안방에 남아 엄마 어깨에 기댄 채 조용히 울었다.

우리는 한동안 말없이 그렇게 앉아 있었다.

나쁜 소식을 듣고 훌쩍일 때 제일 유용한 티슈

이 장면에서 뭐가 잘못됐을까?

죽어가는 사람

걱정 마, 괜찮을 거야.

안 죽어가는 사람

아픈 엄마를 집에 두고 학교로 돌아갈 엄두가 나지 않았다.

친구들 앞에서 운 적이 없는데.

엄마가 곁에 머물러도 괜찮다고 말해주길 바랐지만, 다른 대답이 돌아왔다.

모든 일엔 처음이 있는 법이니까!

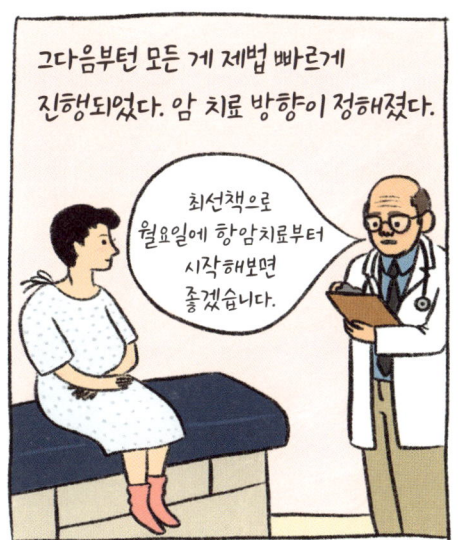

* 유대교 율법대로 식재료를 골라 조리한 음식—옮긴이

처음에 그 소식을 듣고는 너무나 끔찍해서, 혹시라도 까먹었다가
다시 기억해내야 할 일이 생길까봐 겁이 났다.

그런 사태가 일어나는 걸 막고자 홀로 조용히 보내는 매 순간
스스로에게 그 사실을 상기시켰다.

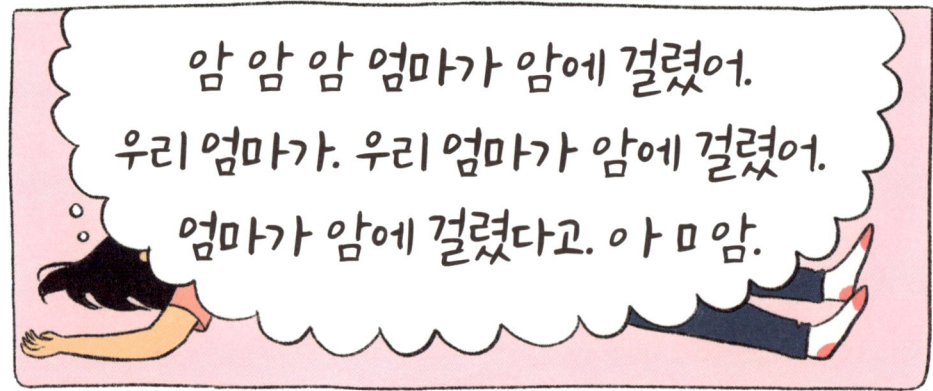

3장

구획화

암을 모르고 살아온 우리 가족에겐 암에 딸려오는 많은 일이 마냥 새로웠다.

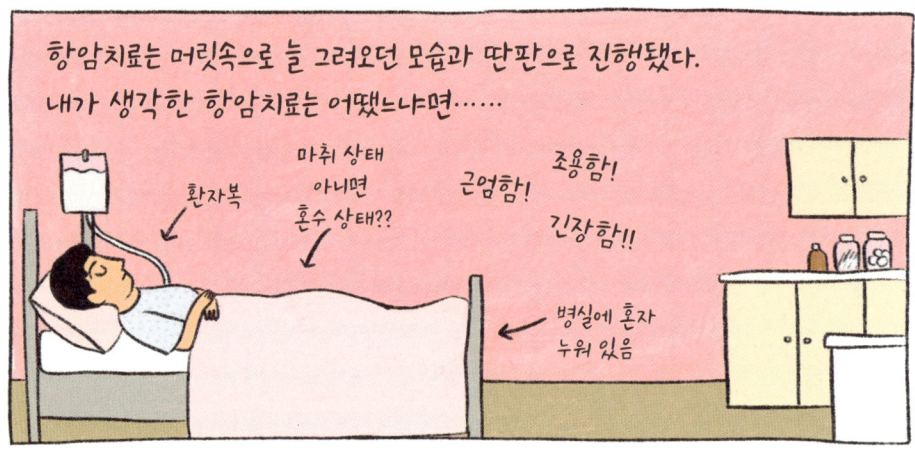

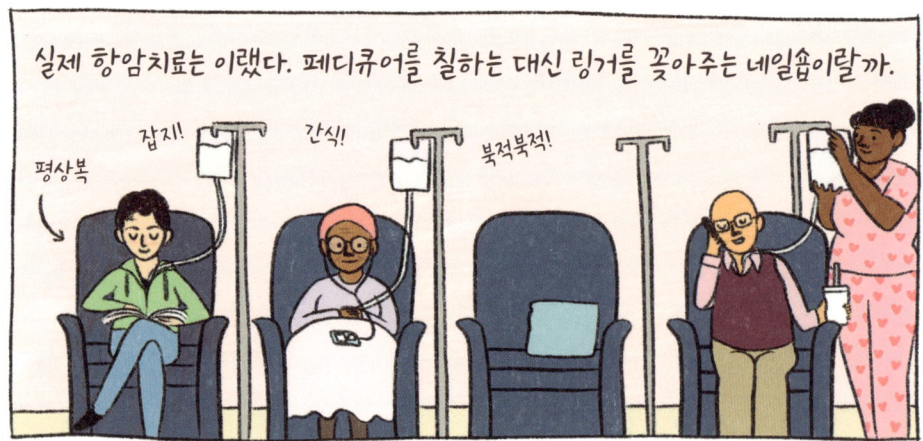

흥미로운 사실 하나!

항암치료는 독이다!

항암치료는 성장 속도가 빠른 세포를 전부 겨냥하여 죽인다. 나쁜 세포(암세포)뿐 아니라 좋은 세포(이를테면 모발세포)도 죽인다. 즉, 달면 삼키고 쓰면 뱉을 순 없다. (이런, 또 은유를 써버렸군!)

암에 걸린 사람이 아프다고 느끼는 건, 암 자체보다는 항암치료의 <u>부작용</u> 때문일 수 있다.

엄마는 급속도로 여러 부작용을 겪었다.

구역질

신경통
(몸에 핀과 바늘을 계속 꽂고 사는 느낌)

피로

미각 이상으로 대부분의 음식이 맛없게 느껴짐

뼈 통증

하지만 인간은 적응하는 동물이기에, 시간이 흘러 암환자의 딸이자 여유로운 대학생이라는 삶도 자리잡았다.

한나 몬타나 뺨치는 이중생활이었다.*

* 미국 인기 드라마 <한나 몬타나>에서 주인공 소녀는 학생과 록가수로 이중생활을 한다—옮긴이

내가 아는 대처법은 이것뿐이었다!

항암치료를 받는 엄마로부터 멀리 떨어진 학교에서 지낸다는 건,
엄마의 건강이 얼마나 악화되고 있는지 더욱 극적으로 알게 된다는 의미였다.
엄마가 아픈 뒤로 우리가 직접 만난 건 몇 차례 되지 않았는데
그때마다 엄마는 전보다 훨씬 나빠져 있었다.

예술가의 표현

예전의 엄마 😊 　　　　　## 최근의 엄마 ☹

- 진한 눈썹
- 반짝이는 눈
- 굵은 머리칼
- 장밋빛 뺨
- 부드러워 껴안고 싶은 몸
- 야무진 손
- 튼튼한 다리
- 귀엽고 특이한 옷

- 머리칼도, 눈썹도, 속눈썹도 없음
- 흐리멍덩한 눈
- 황달
- 스테로이드 투약으로 부은 얼굴
- 항암제 포트
- 앙상한 몸
- 떨리는 손
- 링거를 잘못 꽂아서 생긴 커다란 멍
- 안감이 거슬려서 뒤집어 입은 잠옷
- 신경통 때문에 신은, 미끄럼방지 처리가 된 수면양말

· 에너지가 넘침.
· 다양한 음식을 맛보는 걸 즐김.
· 캘리그래피 사업을 준비하는 중.

· 침대에서 나오지 못함.
· 식욕이 엄청 떨어짐.
· 펜 한 자루도 겨우 쥠.

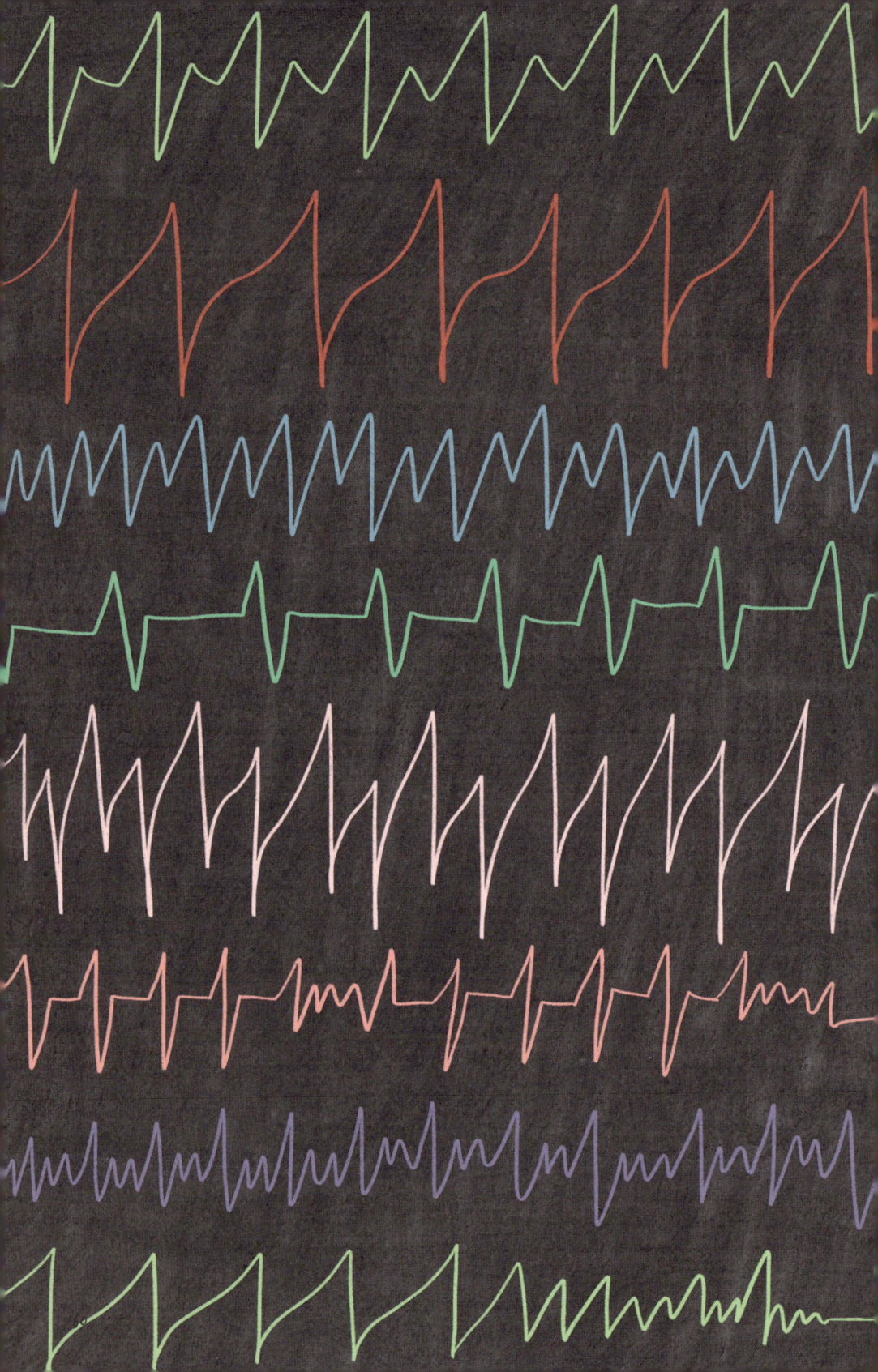

4장

최악의 하루

겨울 학기는 쏜살같이 지나갔다. 처음으로 시나리오 창작 수업을 들었고, 모든 에너지를 짜내서 첫 단편영화 각본을 썼다.

된다, 돼!

기말고사 기간이 다가올 즈음엔 유난히 기분이 좋았다.

닷새만 지나면 본격적으로 봄이야!

학기 마지막 날에는 미시간호 근처 바위 옆에 앉아 친구들과 함께 프라푸치노를 마셨다.

밖에 나오니까 너무 좋다.

집으로 돌아가는 비행도 기다려졌다. 내가 제일 좋아하는 소설 시리즈의 마지막 권이 막 출간된 참이었다.

『프린세스 다이어리』 시리즈를 읽으며 성장기를 보낸 나로서는, 인생의 한 챕터를 마무리하는 기분이었다. (좋은 의미로 말이다.)

그 모습을 보자마자 히스테릭한 웃음이 터져나왔다.

"엄마 어쩌다 얼굴이 그렇게 됐어?"

멈출 수가 없었다.

코디와 스펜서도 함께 웃었다. 이 모든 시나리오가 하도 우스꽝스러워서 현실 같지 않았다.

하 하 하 하 하 하

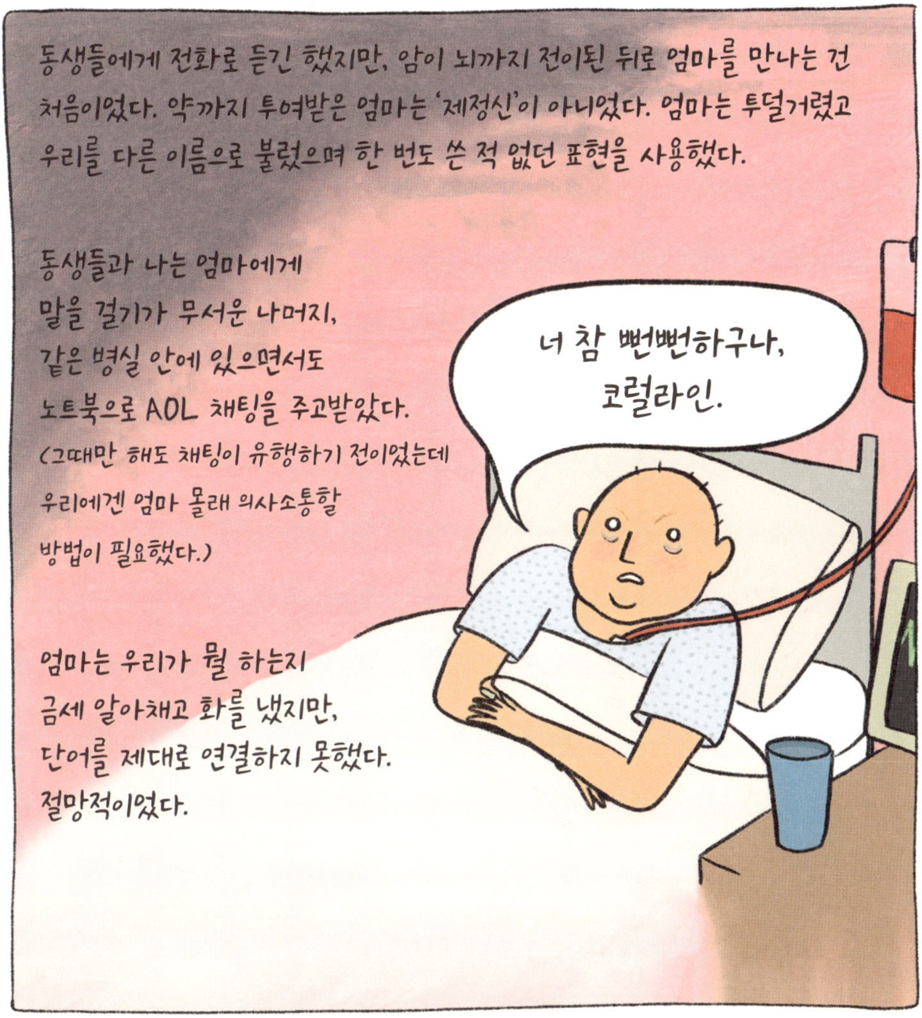

동생들에게 전화로 듣긴 했지만, 암이 뇌까지 전이된 뒤로 엄마를 만나는 건 처음이었다. 약까지 투여받은 엄마는 '제정신'이 아니었다. 엄마는 투덜거렸고 우리를 다른 이름으로 불렀으며 한 번도 쓴 적 없던 표현을 사용했다.

동생들과 나는 엄마에게 말을 걸기가 무서운 나머지, 같은 병실 안에 있으면서도 노트북으로 AOL 채팅을 주고받았다. (그때만 해도 채팅이 유행하기 전이었는데 우리에겐 엄마 몰래 의사소통할 방법이 필요했다.)

"너 참 뻔뻔하구나, 코럴라인."

엄마는 우리가 뭘 하는지 금세 알아채고 화를 냈지만, 단어를 제대로 연결하지 못했다. 절망적이었다.

65

그러다가 엄마가 내게 '같이 자지' 않겠느냐고 물었다. 나는 좋다고 답했다.
처음엔 집에 돌아가 엄마 방에서 함께 자자는 말인 줄 알았는데, 알고 보니
보호자용 침대에서 하룻밤 함께 해달라는 뜻이었다.

의학드라마를 보는 건
나쁜 선택이었다

손가락을 칫솔 삼아 엄마의 센소다인 치약으로 양치를 하고 외출복 차림으로
잠을 청해봤지만 밤새 현실감 넘치는 악몽에 시달리다가
몇 번이고 화들짝 놀라 깼다.

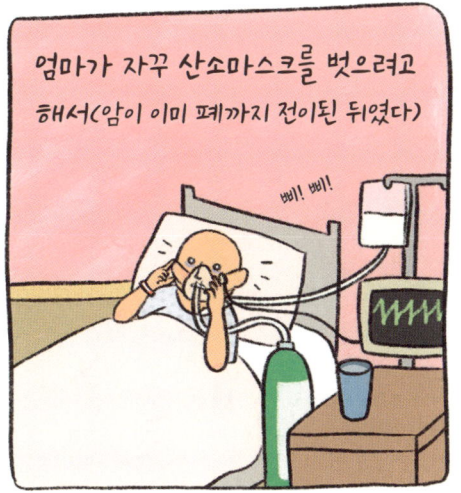

누군가 엄마 몸에 들어가서 엄마인 척하는 것만 같았다.
엄마의 몸도 엄마 같지 않았지만 말이다.

엄마의 옛 자아라는 그림 위에 물이 쏟아져
잉크가 번지고 종이가 부푼 것만 같았다.

엄마 몸을 붙들고 마구 흔들며
당장 여기서 빠져나가라고 말하고 싶었다.

단언컨대 내 인생에서 가장 무서운 밤이었다.

그러나 끔찍했던 그날 밤, 아주 반짝이는 찰나에 엄마는 제정신이 돌아왔다.

"그냥 계속 너를 바라보고 싶구나."

만에 하나 영화배우로 데뷔해서 감독의 신호가 떨어지자마자 울어야 할 상황을 대비해 나는 이 순간을 소중히 간직하고 있다.

"나도 그냥 계속 엄마를 바라보고 싶어요."

참으로 지독했던 그날 밤에도 죽음이 다가오는 줄 미처 몰랐다. 암 진단을 받은 이래 엄마는 수혈과 항암치료와 추적관찰을 위해 병원에 수없이 들락거렸다. 나는 이번에도 공연히 겁을 먹는 거라고 생각했다.

틀림없이 정상 수치로 회복되면 병원을 나서서 일상으로 되돌아갈 것이다.

틀렸음

하지만 상황은 점점 나빠지기만 했다. 침대에서 탈출하려고 하면 시끄러운 경보음이 울리는 패드가 엄마에게 부착되었다. 엄마는 무슨 일이 벌어지고 있는지 이해를 못하고 침대를 빠져나가려고 계속 용을 썼다.

그렇게 시간이 흘러 다음날 밤이 되었다. 무척 친절한 의사 선생님이 우리를 병실 밖으로 불러내고는 조용히 문을 닫았다.

모든 상황이 이런 귀결을 향해 치닫고 있었다. 대놓고 얘기하는 사람은 없었지만.

환자분의 암은 치료할 수 없습니다.

이제 편안하게 보내드릴 때가 됐어요.

엄마의 환자복

담요를 망토 삼아 두름

이튿날 엄마에게 모르핀이 투약되었다. 이제는 모든 게 시간문제였다.

엄마의 공식적 마지막 식사
그릴드 치즈 ↙   ↘ 토마토 수프
엄마를 위해 길 건너 카페에서 사다준 음식 몇 입

코디, 스펜서, 아빠, 마르시아 이모, 그리고 나까지 우리 다섯은 암 병동을 좀비처럼 배회했다.

슬 프 으 음   슬 프 으 음   슬 프 으 음

그러나 아무리 병원을 서성이고 스트레스를 쫓으려 낮잠에 들어도, 다가오는 죽음을 피할 수는 없었다. 어두운 병실에서 오르내리는 심전도 그래프를 보고 있노라니 현실이 영화 속 한 장면처럼 느껴졌다.

누군가가 죽기를 기다리는 건 기묘한 기분이다.
잠시 그러고 있다보면 꼭 죽음을 응원하는 것처럼 느껴진다.
이 죽음이라는 절차가 마침내 끝날 수 있도록.
엄마의 죽음은 영원히 이어질 것만 같았다. 고통스러웠다.

휴대전화에서 엄마 번호를 지웠다. 엄마가 죽은 뒤에 번호를 지우려면 너무 슬플 것 같았다.

스펜서는 임종 순간에 병실에 남아 있길 바랐고, 코디는 엄마의 생전 모습을 머릿속에 간직하고 싶으니 그 모습을 보지 않겠다고 했다.
나는 내가 뭘 원하는지 몰랐다.

엄마 병실에서 나와서 모퉁이를 돌면 곧바로 비좁은 보호자 대기실이 나왔다.
나는 코디와 함께 잠깐 거기 앉아 있었다.
기껏해야 드레스룸만한 그 방은 조명이 과하게 밝았으며 퀴퀴한 커피 냄새에 찌들어 있었다.

시간개념을 완전히 상실함

나는 오래전에 비행기에서 읽기 시작한 책의 마지막 몇 챕터를 읽었다.

그게 겨우 이틀 전이었다니 말이 돼??

몇 년은 지난 것 같았다.

비행기 탈 때 입은 옷 그대로임

문 안으로 머리를 들이밀어보니 아빠는 침대 발치에 놓인 의자에 앉아 있었고, 스펜서는 엄마 옆에 누워 손을 잡고 있었다.
심전도 측정기 옆에는 간호사가 서 있었다.

순식간이었다. 엄마의 힘겨운 숨소리가 느려졌다.
엄마는 숨을 들이쉬고는 다시 내뱉지 않았다.

"이게 끝인가요?"
우리 중 누군가가
간호사에게 물었다.
그게 누구였는지는 기억나지 않는다.
간호사가 고개를 끄덕였다.

그렇게 끝이었다.

엄마와 함께
죽어버린 것들

현재시제로
엄마에 대해
얘기하는 일.

어릴 적 엄마가
만들어주던 따뜻한
바닐라우유 레시피.

'정상적'이라는 기분.

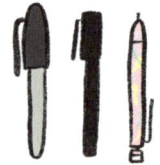

엄마의 글씨.

우리 가족이
온전하다는 느낌.

나랑 판박이처럼
닮았는데도 잘살아가는
가족 구성원이 있다는 것.

추가: 엄마의 모든 이야기와 기억과 의견과 비밀, 그리고 엄마가 언제든지
술술 읊을 수 있었던 묘하게 구체적인 사실들.

엘리자베스 퀴블러 로스의
애도의 단계

⟨원래는
사랑하는 이를
떠나보낸 사람이 아니라
불치병을 앓는
사람의 감정 변화를
설명하는 것이다.⟩
⟨뭐, 어쨌거나.⟩

1. 부정
2. 분노
3. 타협
4. 좌절
5. 수용

개인적으로 경험한
애도의 단계

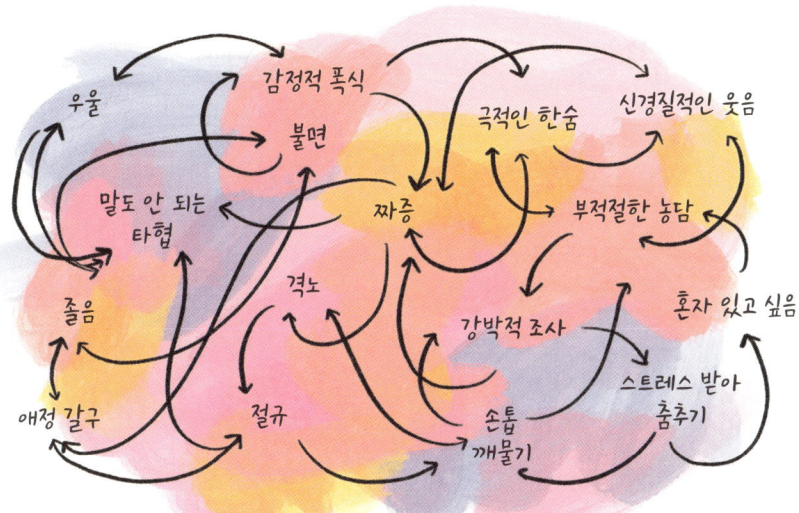

5장

정리하기

그렇게 나는 '임종을 지킨' 사람이 되었다.

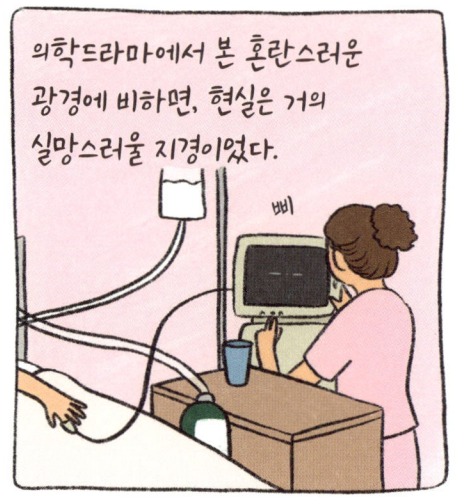

의학드라마에서 본 혼란스러운 광경에 비하면, 현실은 거의 실망스러울 지경이었다.

내가 코디를 데려왔고, 우리 모두 엄마를 둘러싸고 잠시 가만히 서 있었다. 누가 건배라도 외쳐야 할 것 같은 분위기였다.

하지만 아무도 입을 열지 않았다. 나는 손을 뻗어 아직 따뜻한 엄마의 손을 꼭 잡고,

그 순간 떠오른 유일한 말을 건넨 다음,

사랑해.

병실 밖으로 나왔다.

잠시 뒤, 공항에 갔던 마르시아 이모가 나의 조부모님 네 분 중 세 분을 모시고 돌아왔다. (외할아버지는 많이 편찮으셔서 마지막 여정을 함께할 수 없었다.) 그야말로 '최악'의 가족 모임이었다!

원래 그날 코디의 생일 파티를 열 예정이었다. (3월 22일이 코디의 열여덟번째 생일이었고, 엄마는 3월 21일에 돌아가셨다.) 코디를 위해 준비한 케이크가 차에 상자째 남아 있었다.

죽음이란 꽤나 과격하게 '다음 기회'를 약속한다.

코디의 생일 케이크는 식료품점에서 파는 시트케이크로, 아이싱 위에 사진을 인쇄해 넣었다.

엄청나게 귀여웠던 어린 시절의 코디

우리는 모두 대기실에 모여서 코디의 얼굴을 먹으며 울다가 웃다가 했다.

이튿날 아침, 잠에서 깨어나 어제 일이 꿈이 아니라 사실이었음을 깨달았다.

엄마가 죽는 걸 봤다니 믿을 수 없었다!
엄마가 죽었다.
아무에게나 일어나는 일처럼 들리진 않는다!!

내가 뭐 슈퍼히어로나 선택받은 자 정도는 되어야 하는 거 아닌가?

나는 앞머리를 직접 자르는 내성적인 대학 2학년생일 뿐인데! 너무 이상했다!

한편으로는 일말의 안도감이 밀려왔다.

엄마가 암으로 죽어서 좋은(?) 점은, 죽음을 또다시 겪진 않아도 된다는 거다. 엄마를 잃은 고통은 결코 사라지지 않겠지만 아픈 엄마의 모습을 지켜보는 고통은 끝났다.

엄마가 이제 보조기 없이는 못 걷는다는 소식을 전해듣거나, 병세가 악화될 때마다 엄마 눈에서 생기가 사라지는 모습을 보는 일도 끝이었다.

"있잖아" 하며 시작되는 통화도 끝이었다.

더이상 걱정할 일도 없었다.

상실이라는 현실이 차갑고도 견고하게 내 발밑을 받치고 있었다.

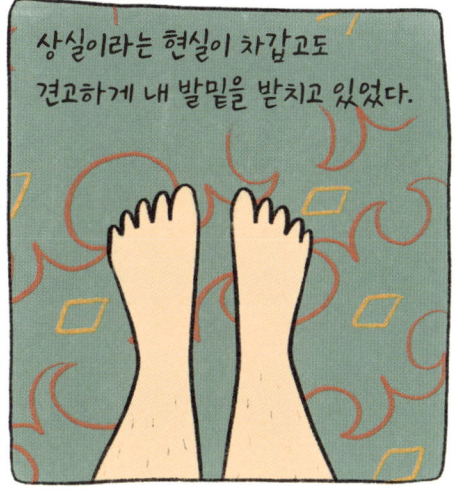

유대교 전통에 따르면, 누군가 죽으면 가능한 한 빨리 장례식을 치른다. 갑자기 너무 많은 계획을 세워야 했다.

플로리다로 이사온 지도 몇 년이 흘렀지만, 장례식은 시카고에서 진행하기로 했다.
→ 가족
→ 친구
→ 장지
→ 딥디시 피자

비행은 이틀 뒤로 예정되어 있었다.

우리는 다 같이 집으로 돌아갔다. 귀여운 불만투성이인 우리 고양이는 무슨 일이 일어나고 있는지 알기는커녕 신경조차 쓰지 않아서 그 모습이 우스꽝스럽게까지 느껴졌다. 녀석만 빼면 집은 적막했다.

야오오옹!

이웃들이 보내준 라자냐를 담은 용기로 냉장고는 꽉 차 있었고 날씨는 유별나게 화창했다.

모든 것에도 불구하고 3월의 플로리다는 참으로 쾌적하다

할일 목록이 기이~일었다.

사망 후/ 장례 전
~ 할일 목록 ~
☐ 장례지도사에게 연락하기.
☐ 검은 옷 챙기기.
☐ 시바* 준비하기.
☐ 부고 쓰기.
☐ 숨쉬기도 잊지 말기.

* 시바란 유대교 전통에서 장례식 후 이어지는 공식적 추모 기간이다—옮긴이

온 가족이 함께 엄마의 부고를 쓰려니 그야말로 열띤 토론이 벌어졌다.

"소중한 딸."
"헌신적인 어머니."
"아니야, 헌신적인 아내지."
"신이시여, 옥스퍼드 콤마는 꼭 지키라고."
"아끼던 며느리…"

그나저나 부고는 어쩌다가 거창한 친척 이름 명단으로 전락한 걸까? 재미있는 요소는 눈을 씻고 봐도 없고, 죽은 사람에 대한 정보도 거의 없다!

지루해!

존 도 3세.
제인 도의 애정 넘치는 남편이자, 젠과 제프와 존 (질) 도 4세의 아버지이며,

나라면 이런 부고를 더 좋아할 것이다.

✡ 론다 페더.
(결혼 전 성은 호프먼.)

주변 모든 사람에게 사랑받다가, 심각한 난소암 때문에 토요일 47세의 나이로 세상을 떠났다. 스크래블 단어 게임 전문가였고, 우스운 목소리 내는 걸 즐겼으며, 매운 음식 애호가였다. 손은 찼고 마음은 따뜻했다. 라일락을 좋아했다. 제일 좋아하는 색은 푸른빛이 섞인 보라색이었다. 앞으로 살아갈 날이 그토록 많았는데 너무나 불공평하다!!!

시카고행 비행기에 오르면서 가방에 커다란 티슈 상자를 챙겼다. 우리 가족이 하도 울어서 남들의 관심을 끌까봐 걱정되었기 때문이다. 누구든 눈가가 촉촉해지면 나는 곧바로 티슈 상자를 던져줬다. 하지만 효과는 미미했다. 티슈가 눈물을 멈춰주진 않으니까!

공항에선 모든 게 우릴 놀리는 것만 같았다.

"좋은 여행 되세요!"
"즐거운 시간 되시기 바랍니다!"

우리는 손을 맞잡고 이를 악물고 이 모든 걸 헤쳐나갔다.

비행기에서 내리니 마르시아 이모네 멋진 사촌들이 마중나와 있었다.

마이클 / 아내 리즈 / 라나 / 제시카

그들은 수하물 찾는 곳 저쪽에서부터 달려와서, 거의 태클을 걸듯 달려들어 우리를 꼭 껴안았다.

우리는 미니밴 두 대에 나눠 타고, 내가 자란 교외 지역으로 향했다.

어서 오세요.
여기는 미국
노스탤지어 타운입니다.

유대교 추도식은 주로 고인의 집에서 이루어지지만, 우리가 이제는 시카고에 살지 않기에 마르시아 이모네에서 추도식을 진행했다.

아빠, 여동생들, 나, 그리고 마이크, 리즈, 라나, 제시카 모두가 그 집에 머물러서 아주 북적거렸다.

소란스럽고 분주했다. 다들 농담을 던지고 서로 말할 때 끼어드느라 바빴다.

모두 한집에서 머무르는 혼란스러운 상황은 친숙했으며 오히려 위안이 되었다.

두통이 있을 때 이마에 올리는 물수건처럼, 일시적일지언정 굉장한 힘이 있는 위안이었다.

음.

* 유대교에서 여자아이가 열두 살이 되면 치르는 성년식—옮긴이

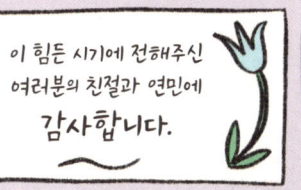

6장

죽음의 서커스 1부

장례식 날 아침은 대가족 행사가 열리는 여느 아침과 똑같이 정신없었다.

부엌 조리대에는 바쁜 아침 시간에 오가며 먹으라고 누군가 사온 던킨도너츠표 머핀이 놓여 있었다.

동생들과 나는 장례식 복장으로 갈아입고 느릿느릿 계단을 내려왔다.

좋은 아침이야!!!

드라마 <가십걸>이 유행하던 시기라, 우리 모두 머리띠에 잔뜩 힘을 줬다.

문을 열어보니 우리를 장례식장으로 데려갈 리무진이 기다리고 있었다.
솔직히, 엄마 장례식만 아니었다면 제법 신나는 아침이었을 것이다.

장례식장엔 작은 물병과 티슈 상자가 곳곳에 비치되어 있었다.

장례지도사가 우리를 대기실로 안내하더니 검정 리본이 달린 작은 검정 배지를 나눠주었다.

본질적 모습   실제 모습

재미있는 사실 하나! 유대교 추모 전통에서 고인의 부모, 자녀, 배우자, 형제자매 같은 친인척은 심장과 가장 가까이 닿는 위치의 천조각을 찢는다. 크리아라고 불리는 이 의식은 상실의 고통과 분노를 가시화한다.

크리아 전통을 현대화한 의식이 옷 대신 검은 리본을 찢어 가슴에 다는 것이다.

아야!

(그래야 옷을 전부 망가뜨리는 일을 피할 수 있다.)

우리는 함께 크리아 기도를 읊고, 리본을 찢은 뒤 가슴께에 달았다.

크리아 리본의 찢긴 부분을 수선하더라도,
그전과 같은 상태로는 결코 돌아갈 수 없다.
우리 마음이 엄마가 죽기 전으로는 결코 돌아갈 수 없듯이.

무결함   망가짐   영영 달라짐

추도 '유니폼'을 갖춰 입었으니,
이제 예배실로 들어갈 수 있었다.

마지막으로 장례식에 참석했던 건 증조할머니가 91세의 연세로 돌아가셨던 해로, 내가 열두 살 때였다. 할머니를 무척 사랑했지만 이번과 같진 않았다.

휴우우.

99

예배실 안에 들어가니 더욱 실감이 났다.

엄마의 관은 반들거렸고 놀랄 만큼 거대했다. 예배실 앞쪽에 놓인
관에는 복숭앗빛 장미가 한 더미 쌓여 있었다.
내가 알기로 아빠는 평생 엄마를 '복숭아'라고 불렀다.
아빠는 엄마의 복숭앗빛과 크림빛이 섞인 피부색 때문에
그런 별명을 붙였다고 했지만, 나는 엄마 볼에 창백하게 층을 이룬,
복숭아털 같은 솜털 때문이 아닌지 남몰래 의문을 품었다.
내가 사랑했던 솜털.
이 책에 그 얘기를 쓴 걸 엄마가 알면 불같이 화낼 텐데.

예배실 나머지 공간엔 방석 깔린 의자가 놓여 있었다.
유대교 회당이나 교회 모습과 별반 다르지 않았는데,
다만 첫 줄에 낡은 벨벳 소파 몇 개가 자리했고
곳곳에 티슈 상자가 놓여 있었다.
네모난 작은 창으로 들어오는 이른 아침의 햇빛이
공기중에 느릿느릿 떠다니는 작은 먼지를 비추었다.

격식을 차린 자리라 조금 갑갑하긴 했지만
대체로 아늑하고 평화로웠다.
카펫 위 따뜻한 자리에 앉아 졸고 있는 고양이와
딱 어울릴 만한 장소였다.

그러나 평화는 오래가지 못했다. 금세 조문객들이 밀려들었다.

워낙에 대가족이긴 했지만, 장례식에 참석한 사람들을 보고 나는 아연실색했다.

물론 가족도 많았지만 오래된 친구들과 새로 사귄 친구들과 몇 년 만에 보는 사람들의 부모까지 조문하러 찾아왔다.

참석자가 너무 많아서 홀 건너편에 '위성' 예배실을 하나 더 열어 CCTV로 장례식을 중계할 정도였다.

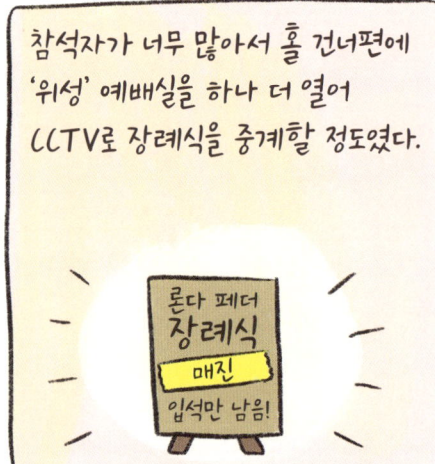

온화했던 우리 엄마가 자랑스러웠다. 엄마가 얼마나 많은 사람의 삶에 가닿았는지, 당신도 어떤 식으로든 알게 됐으리라 믿고 싶다.

예배가 시작되기 전, 우리는 한 줄로 서서 조문객을 맞았다. 기껏해야 한 시간 정도였겠지만 체감하기론 며칠은 걸린 것 같았다. 우리는 가슴에 리본을 단 채 예배당 앞에 서서 조문객을 '맞이했다'.

사교성이 떨어지는 내겐 종합 장애물 경주 코스나 다름없었다.

#1 거짓 미소

모두가 자기 슬픔을 나한테 토해내는 듯했다.

안녕하세요

아이고 얘야!

내 팔을 꼭 잡고선 뇌에 구멍을 뚫을 기세로 나와 강렬하게 눈을 맞추는 이들도 있었다.

애도를 표한다!

감사해요!

거의 처음 만나는 이들에게 포옹도 많이 받았다.

(포옹의 세기도 축축함도 냄새도 다양했다.)

내 외모를 난감하게 평하는 사람도 있었다.

"살이 쏙 빠졌구나!"

하지만 이 질문이 제일 곤란했다:

"넌 좀 어떠니?" (반복)

어떤 대답도 적당해 보이지 않았다.

"괜찮아요, 감사해요." — 상황을 감안하면 부적절했고, 너무 예의를 차려서 가식적이었다.

"잘 지내요!" — 냉담하게 들렸다. (어차피 거짓말이기도 했고.)

"보다시피 아주 엉망이에요." — 이렇게 말하면 모두가 경악할 것이다.

결국 나는 친절해 보이면서도 어딘지 모호한 답변으로 정착했다.

"그럭저럭 괜찮아요!!"

이런 표정으로 ←

'모든 일엔 의미가 있다'라든가 '좋은 사람들은 왜 일찍 죽는가'라든가 '신은 우리가 견딜 수 있는 시련만 준다' 등등의 명제에 대해 한바탕 의견을 개진하는 이들도 있었다. 좋은 뜻으로 그런다는 건 알았지만, 더 혼란스럽고 슬플 뿐이었다.

그다음으로 추도 연설이 이어졌는데 지금은 몇몇 핵심만
기억날 뿐이다.

엄마보다 다섯 살 위인 마르시아 이모는
모든 게 망가진 기분이라고 했다.

아트 삼촌은 엄마가 어릴 적에 파스타를 만들겠다며 물을 끓이다가
냄비를 태워먹었던 일을 이야기했다.

라나와 제시카는 시 한 편과 스펜서가 쓴 추도문을 읽었다.

나는 모두와 함께 울다가 한숨 쉬다가 목울대에 응어리가
차오르는 걸 참다가, 더는 견디지 못하게 되었다.

가족 아닌 사람들 앞에서 이렇게 운 건 태어나 두번째였다.
이번엔 훨씬 안심이 되었다.

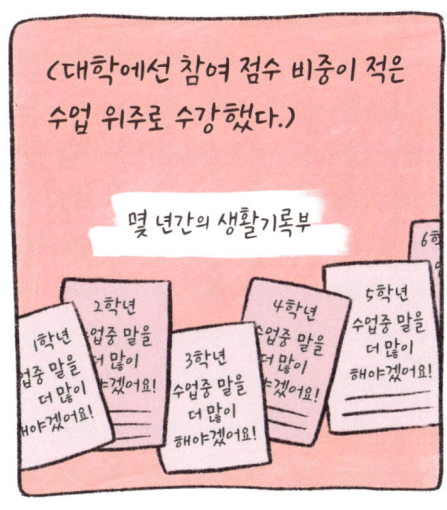

나는 문화적으로 지극히 유대인다웠지만 (지금도 그렇긴 하다)
특히 죽음과 관련한 영적 믿음 부분에서는 물음표로 가득차 있었다.
(지금도 변함없다.)
다행히 랍비 선생님의 말씀은 적당히 와닿을 정도의 일반론이었다.
그렇게 장례 예배는 끝이 났다.

우리는 뻑뻑한 무릎으로 자리에서 일어나 다시 리무진에 올라 묘지로 향했다.

옷을 차려입고, 나를 주시하는 사람들 사이를 지나 리무진에 타는 일은 유명인의 악몽 버전 같았다.

문이 닫히자 우리 모두 잠시 한숨을 돌렸다.
차 안은 향수 냄새와 크리넥스 먼지로 가득했다.

차를 타고 묘지까지 가는 시간은 짧았지만 (구글 지도에 따르면 11분 걸렸다) 내가 공식적으로 울 만큼 울었다고 판단하기엔 충분히 길었다. 물론 여전히 슬펐지만 날것 그대로의 커다란 슬픔에선 일단 벗어난 듯했다.
(적어도 바로 그 순간만큼은.)

리무진이 가족묘지 옆에 멈췄고, 우리는 발에 진흙이 묻지 않도록 조심조심 잔디를 밟았다.
바깥은 쌀쌀했으며 안개가 짙었다.
딱 묘지다운 모습이었다.

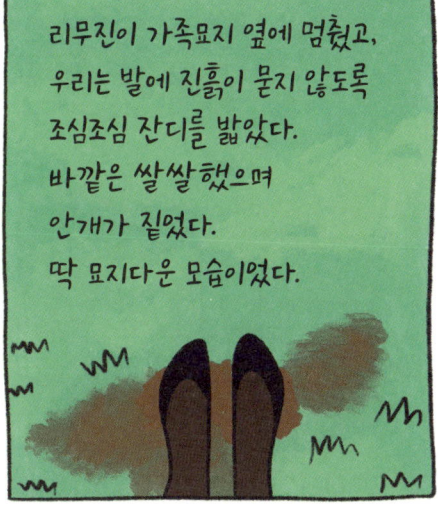

묘지에는 몇 차례 와본 적이 있었다. 매번 그랬지만 이번에도 묘지가 너무 쾌적해서 놀랐다. 묘비는 잔디와 비슷한 높이로 이어져 있었는데, 음산한 무덤보다는 공원 같은 분위기를 자아냈다.

← 친가 친척들이 6미터 떨어진 곳에 묻혀 있다. 부모님은 언제나 이 음울한 우연을 재미있어하셨다.

↙ 어릴 적 엄마가 가족묘 근처에 자리한 망가진 사다리 모양 조형물을 보여줬던 게 기억났다. 이제 와 그걸 보니 제대로 한 방 먹은 기분이 들었다.

관을 매장할 준비는 끝나 있었다.

관은 하관하는 기구 위에 놓여 있었다

커다란 흙더미

천막과 의자

← 약 2미터 깊이의 구덩이

천막 아래로 들어가 스펜서 옆에 자리를 잡았다. 우리는 흙 종류를 두고 농담을 나눴다.

장담하건대, 부식토*일 거야.

부시이익토. 부우우식토.

* 고등학교 자연과학 시간에 한 단원 내내 흙에 대해 배웠다. 흙의 세 가지 주요 성분이 모래, 실트, 진흙이며 그 셋이 완벽하게 조합된 게 부식토임을 알게 됐다. 부식토가 얼마나 와아안벼어억한지 여동생들과 얘기하며 배꼽을 잡았다. (지금 설명하려니 정말 재미없게 들리는데, 그냥 믿어주길.)

어쨌거나 묘지에서 드리는 예배는 아주 짧았다. 히브리어 기도 몇 개를 읊고는 끝났다. 이윽고 이상하게 생긴 커다란 기구가 관을 땅 밑에 내렸고, 우리는 경건하게 침묵을 지켰다.

삐거덕

쿠우웅

그 시점에 나는 현실을 완전히 부정중이었다. 유체이탈에 버금가는 상태였다. 내가 출연하는 영화를 관람하는 기분이었다. 상황에 적합한 감정이 전혀 일어나지 않았다.

이게 대체 뭔데?

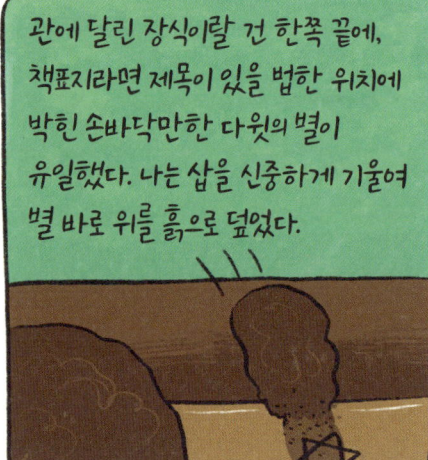
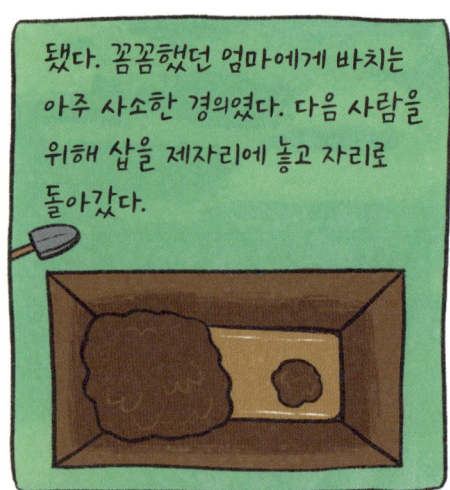

음울한 봄날, 우리를 제외하면 아무도 없는 공원에서 어두운색 정장을 입은 두 남자가 육체노동을 하는 모습을 보고 있자니 기분이 나아졌다.

이상했고, 슬펐고, 다소 아름다웠으며, 기묘하게도 영화 같았다.

흙을 전부 무덤구덩이에 넣자 랍비 선생님이 시바 일정을 공지했고, 그렇게 장례는 끝이 났다.

론다의 언니네 집에서 오늘 저녁 8시까지 시바를 진행할 겁니다.

그녀를 위해 기도해주셔서 감사합니다.

애도중인 사람을 대할 때
👍 할 것과 😣 하지 말 것 👎

- 고인에 대해 질문하세요!
  그 사람 이야기를
  하고 싶어 좀이 쑤실 테니!

- 상대가 이야기할 때
  웃고 미소 지으세요!

- 고인에 대한 이야기가 있다면
  들려주세요! (물론 행복한 이야기만.)

- 소란이 가라앉은 몇 달 뒤에
  연락하세요.

- 중요한 생일/ 기일을 기억해뒀다가
  연락하세요.

- 상황이 얼마나 엉망인지
  알아주세요! 입에 발린 소리
  사이에서 "얼마나 힘들지
  상상도 안 가요" 같은 말은 참으로
  산뜻하거든요!

- 쿠키를 가져오세요! :)

- 상대가 어떤 기분인지 안다고
  생각하지 마세요.

- 당신이 더 힘든 일을 겪었다며
  이기려 들지 마세요.

- 상대와 공유하지 않는 종교적 신념을
  들이밀며 위로하려 들지 마세요.

- 상황이 극도로 비슷하지 않는 한
  당신의 상실감과 상대의 상실감을
  비교하지 마세요.

- 모든 걸 그럴듯하게 포장하려 들지
  마세요.

- 일주일 뒤에 연락을 끊지 마세요.

- 고인이 애초에 존재한 적 없던 양
  굴지 마세요.

- 어떻게 도울 수 있는지 묻지 마세요!
  (그냥 도우세요!) (슬픈 사람이 뻘쭘하게
  이래라저래라 하게 만들지 말고요!)

7장

죽음의 서커스 2부

장례식이 끝나고 우리는 곧장 집으로 돌아가 시바를 시작했다.

알고 보면 재미있는 시바

시바는 유대교 전통의 애도 방식으로, 가족들과 친구들이 일주일 동안 모여 사랑했던 고인을 기리고 담소를 나누는 문화다.

 시바는 히브리어로 '일곱'이라는 뜻입니다.

말하자면 장례식이 끝나자마자 일주일 동안 집에서 함께 음식을 먹고 추억담을 나누는 파티다. 시바는 매일 아침부터 초저녁까지 계속된다.

아기를 보는 것처럼요 (babysitting)!

동사: "시바를 보다 (sitting shiva)."

나는 먹는 걸 아주 좋아하지만,
너무 고통스러울 땐
입맛을 아예 잃는 편이다.
엄마가 처음 암 진단을 받았을 땐
짭짤한 크래커마저
메스껍게 느껴졌다.

시바를 볼 집에 도착하자마자
훈제 연어와 베이글이 나를
유혹했지만 그래도
괜찮았다.

집에선 맛있는 냄새가, 정확히는
유대교 스타일로 친숙한 냄새가 났다.

피클

훈제 생선

엔텐맨 사의
대니시

나는 신발을 벗어던지고
음식이 담긴 접시로 돌진해서

거의 자동적으로 제일 좋아하는 소울푸드를 담았다.

반으로 잘라
굽지 않은
플레인 베이글

차이브 크림치즈
(민트맛이 없으면
플레인 크림치즈로
대체 가능)

없어도 되지만
있으면 좋은 훈제 연어

베이글 반쪽마다
토마토 슬라이스는 하나씩

달다구리

멜론 말고 다른 과일

그러고선 냅킨을 들고 조립식 소파의 빈자리에 털썩 앉았다.

신발을 벗고 스타킹 차림으로 있으려니 어릴 적 파티에 다녀왔을 때의 추억이 떠올랐다. 졸리고 안전했던 그때.

잠시 차분해졌다. 심지어 만족스러웠다.
대단히 노골적인 죽음 부분은 이제 지나갔다!
장례식에서 어색하게 애도를 연기하는 일도 끝났다!!

이제는 가족과 어울리고, 소울푸드를 먹고, 슬퍼하기만 하면 됐다.
그거야 쉽지.

이레 동안 쭉 바빴지만 산더미처럼 쌓인 음식이 꾸준히 우리를 위로해주었다.
음식이 하도 많아서 서늘한 차고를 냉장고 대용으로 써야 할 정도였다.

매일 누군가 엄마가 제일 좋아했던 가게에서 음식을 주문했다.
엄마 없이 먹는 엄마의 최애 음식은 달콤쌉싸름한 맛이었다.
따스한 추억에 잠긴 채 이 음식을 엄마와 함께 먹을 수 있다면
얼마나 좋을까 생각했다.

할머니의 사촌이
본인의 손자(즉 내 친척이기도
하다)와 나를 엮으려 한다는 소식을
알음알음 전해들었다.

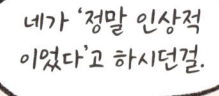

오랜 이웃이자 고등학교 적
짝사랑의 어머니가
찾아오셔서, 그분이
떠날 때까지
어린 친척 아이들과
2층에 숨어 있기도 했다.

제일 좋았던 순간은 엄마의 어릴 적
가장 친한 친구와 대화했을 때였다.
그녀는 내가 몰랐던 엄마 이야기를
아낌없이 들려주었다. 시바에 온
사람들은 대다수가 엄마를 스치듯
안 이들이었기에, 엄마와 절친했던
분의 말을 듣자 더없이 좋았다.

시바가 끝나가던 어느 날 밤, 아이들끼리 볼링을 치러 갔다. 거의 일주일 내내 집에 갇혀 지냈으므로 단조로운 일상에서 탈출하고 싶었던 거다. (바깥공기도 좀 쐬고.)

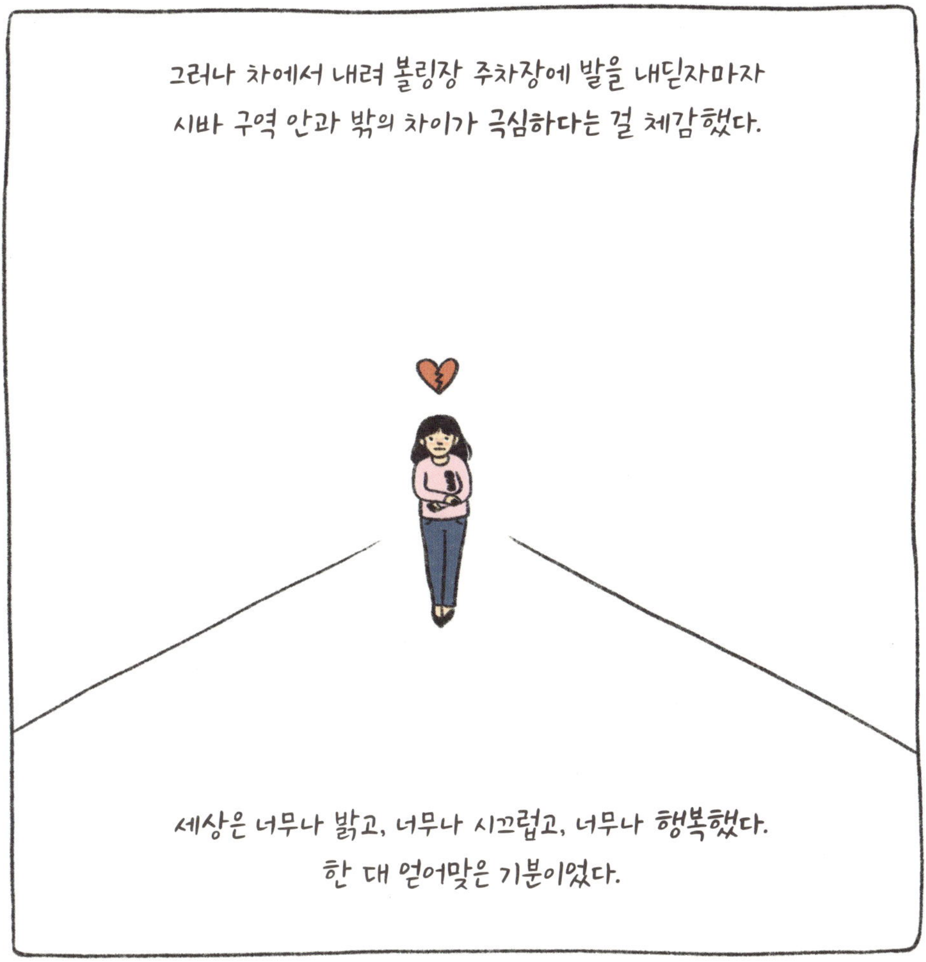

그러나 차에서 내려 볼링장 주차장에 발을 내딛자마자 시바 구역 안과 밖의 차이가 극심하다는 걸 체감했다.

세상은 너무나 밝고, 너무나 시끄럽고, 너무나 행복했다.
한 대 얻어맞은 기분이었다.

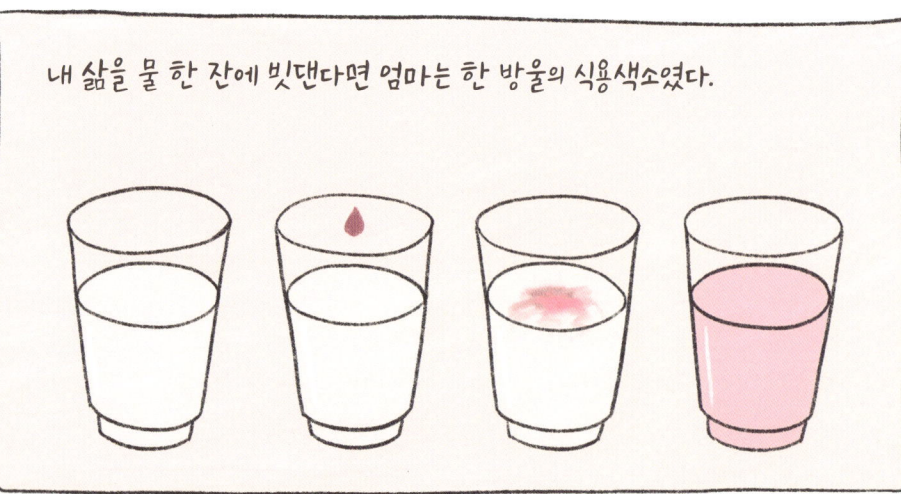

일종의 감정적 편두통에 시달리는 기분이었지만(물론 나만 그런 건 아니었다) 가족들과 함께 터덜터덜 앞으로 걸어나갔다. 우리가 찾아낼 수 있는 기쁨을 한 조각이라도 움켜쥐려 애쓰면서.

코디의 열여덟번째 생일이 엄마의 심란한 죽음에 완전히 묻힌 터라, 누군가 이런 아이디어를 냈다. "뒤늦게 깜짝 생일 파티를 열어주기에 시바야말로 최적의 시기 아닐까?!"

우리는 코디가 잠든 사이 모든 걸 계획했다.

심지어 스펜서는 최근 빠져 있던 퐁당까지 만들어서 화려한 색으로 삼단 생일 케이크를 꾸몄다.

한밤중에 스펜서가 발휘한 아찔한 유머. 지독하게 신랄하다.

파티는 기껏해야 시바에 풍선 몇 개와 케이크를 더한 수준에 머물렀지만, 그래도 무언가를 축하할 수 있음에 너무 기뻤다. 우리는 이 행사를 기념하고자 역대급으로 발랄한 사진을 찍었다.

코디를 위한 작은 파티는
시바 주간의 대미를 장식했다.
다음날 아침 일찍,
우리는 지친 몸을 이끌고 현관에 모여
전통적인 시바 종료 의식을 시작했다.
시바를 본 집 주변 단지를
한 바퀴 돌면서 외부세계에
우리를 다시 알리는 의식이었다.

대부분 그냥 잠옷 위에 외투만 대충 걸친 채였다.

준비됐나요?

이슬비 내리는 잿빛 아침, 길거리엔 개미 한 마리 보이지 않았다. 시바를 본 집이 구불구불한 길로 된 교외에 위치했기에 진짜 '단지'랄 게 없었지만, 어쨌거나 동네를 한 바퀴 돌았다.

소금기로 얼룩진 파카를 입고 달아오른 뺨을 하고서 동네를 느릿느릿 무리 지어 걸었다. 배경음악으로 사색적인 분위기의 피아노곡이 깔리면 대단히 잘 어울렸을 것이다.

"엄마가 일찍 돌아가셨어요"에 대한 반응

빙 고

"신은 우리가 감당할 만한 일만 주신단다."	"우리 엄마가 암에 걸릴까봐 한때 걱정했잖아."	"원래 선한 사람들이 일찍 세상을 떠나지."	"더이상 고통받지 않으실 거야."	[화제를 돌린다.]
"오늘밤엔 우리 엄마를 좀더 꼭 안아드려야겠다."	진한 포옹. (기분좋게.)	"어떤 기분인지 알아. 우리 부모님은 이혼하셨거든."	[길어야 일주일 동안 위로해준 뒤 아무 일 없었다는 듯 행동한다.]	'적어도'로 시작하는 모든 반응.
"천국에 천사가 한 명 부족했나봐."	[자기가 더 심한 비극을 겪었다고 주장한다.]	자유로운 공간. "삼가 조의를 표합니다."	(갑자기 아주 정중하게 군다.)	"우리 개가 죽어서 나도 어떤 기분인지 알아."
"너를 위해 기도할게."	"가족에게 위로의 말을 전해주렴."	[통신 연결이 끊긴 듯한 침묵.]	"더 좋은 곳에 가셨을 거야."	"고인의 명복을 빕니다."
동정하는 표정™.	"어떤 기분인지 알아. 우리 엄마도 86세라는 이른 나이에 돌아가셨거든."	진한 포옹. (기분 나쁘게.)	"어떻게 돌아가셨어?"	"어머니에 대한 추억이 축복으로 남길."

8장

뉴노멀

시바가 끝나고 마르시아 이모네 집에서 머물다가 학교로 되돌아갔다. 학기가 시작된 지 벌써 일주일이 지난 뒤였다.

학교로 복귀하려는 시도를 두 차례나 해야 했다.

첫번째 시도에서는, 아빠 차를 얻어 타고 학교까지 왔다. 새로 듣는 시 수업이었다.

하지만 차에서 내릴 수가 없었다.

주차장에 차를 세우고 삼십 분 동안 펑펑 울었다.

파크스홀

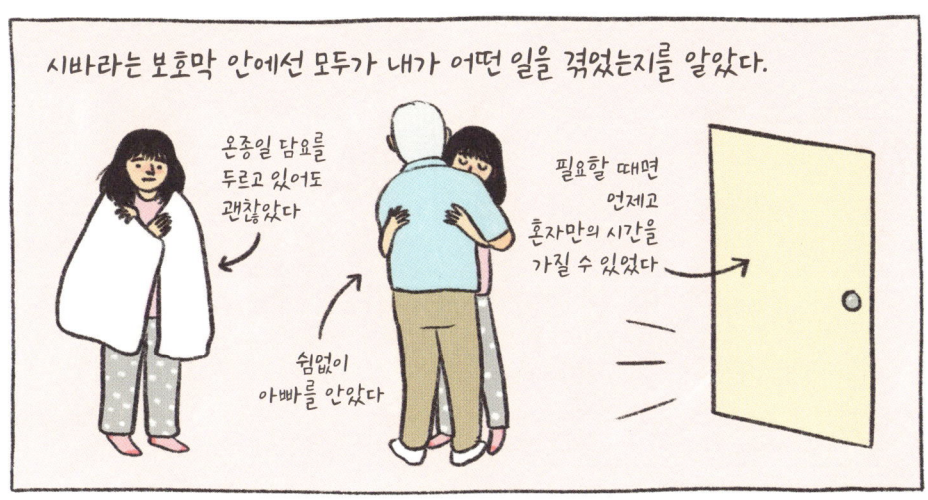

어머니들이 과시하듯 아이들과 깔깔거리며 길을 걸어갔다. 주변에 어머니를 잃은 사람이 존재할 수도 있는데!!! 이 얼마나 무례한가!

더는 가질 수 없는 것들의 행진.

모든 소리, 모든 감각이 십억 배씩 증폭되는 것 같았다.

카페에서 바리스타가 까칠하게 굴거나 음악소리가 너무 클 때면, 엄마가 필요했다. 하지만 엄마는 죽었기에 그저 마음이 아려왔다. 내겐 선글라스와 애착 담요가 필요했다. 이 모든 걸 막으려면 뭐라도 필요했다.

며칠 뒤 다시 등교를 시도했다.

넌 할 수 있어.

낡은 검정 컨버스 운동화를 신었다. 내가 어릴 적 엄마가 신던 것과 똑같은 신발이었다. 나는 신발에 "엄마, 편히 쉬세요"라고 적었다.

← 일종의 부적이었다.

아빠와 함께 학교에 도착해서 거대한 과학관 건물에 차를 세운 뒤 사회학 수업이 진행되는 초대형 강의실 뒤편으로 슬쩍 들어갔다.

교수님은 학생들에게 메모용 카드에 우리 자신에 대한 열 가지 사실을 써내라고 했다.

제가 이백 명이나 되는 여러분을 어떻게 알아가겠어요?

조교들이 줄마다 메모용 카드를 돌렸다.

처음 몇 가지 사실은 단숨에 써나갔다. 나라는 사람을 구성하는 핵심 정보였으니까. 마음속 깊이 새긴 것들이었다.

타일러 페더-SOC 250.
1. 여동생이 둘 있습니다.
2. 그림 그리기와 글쓰기를 좋아합니다.
3. 왼손잡이입니다.
4. 개보다는 고양이파입니다.
5. 유대인입니다.
6. 전공은
7.

조교가 카드를 걷으러 왔고, 나는 마지막 사실을 갈겨썼다.

대규모 강의인데다 나는 수업중에 손을 드는 유형과는 거리가 먼 학생이라 교수님과 직접 대화할 기회는 없었다. (메모용 카드에 대해서든 다른 무엇에 대해서든.)
하지만 그와는 별개로 글로 적고 나니 비로소 그 사실이 현실로 다가왔다.

나라는 사람의 정체성에 새로운 핵심 요소가 추가되다니 얼마나 기분이 이상하던지.

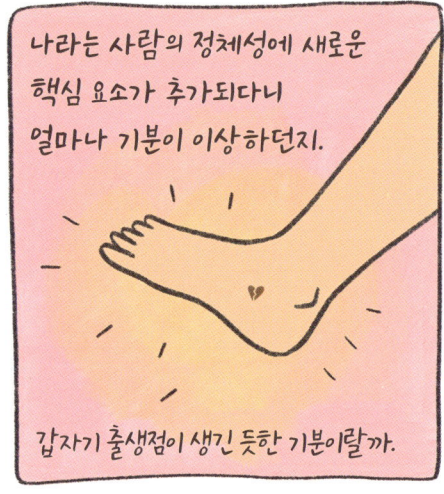

갑자기 출생점이 생긴 듯한 기분이랄까.

기숙사에 돌아가니 어색했다. 아무도 언급은 안 했지만, 우리 엄마의 죽음을 의식하는 분위기였다.

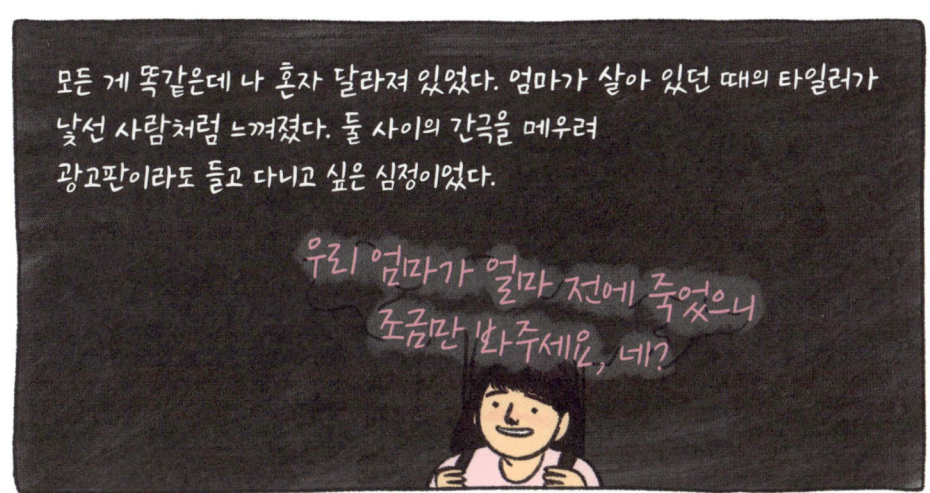

강의와 과제라는 일상으로 서서히 돌아가는 내내 엄마는 내 곁에 머물렀다.

용기를 그러모아 마침내 시 수업에 들어갈 수 있었다.

ENG 180. 죽은 엄마에 대한 청승맞은 시쓰기 수업.

교수님은 수강생들에게 일기를 쓰도록 격려했고, 나는 거기에 감정을 깡그리 토해냈다.

다행히 무척 너그러우신 교수님 덕분에 모든 과제에 심히 음울하고 개인적인 이야기를 써냈음에도 이상한 사람이 된 기분은 아니었다.

제일 좋아하는 각본 수업 교수님과 일주일에 한 번 독자적인 연구도 진행할 수 있었다. 원래는 인원이 꽉 차서 이번 학기엔 수강하기 힘들었는데 슬픈 상황이 힘을 발휘했다.

제에발 교수님과 공부할 수 있을까요오오오?

* 사실 아빠가 학장님께 전화해서 무슨 방법이 없겠느냐 부탁했다고 한다.

(엄마는 투병중에, 뭐든 필요한 게 있으면 자기 핑계를 대라고 말했더랬다. 엄마가 날 축복해준 거라 믿었다.)

날 써먹어!

교수님과의 만남은 명목상으로는 습작 각본 작업 때문이었지만, 내겐 심리 치료 과정에 더 가깝게 느껴졌다.

> 우어.

교수님도 어릴 적에 부모님을 잃었기에 나를 이해했다. 다른 주제에 대해 이야기할 때조차 우리 사이엔 무언의 공감이 있었다.
그게 내게 크나큰 위안이 되었다.

> 나도 알아.

나와 비슷한 비극을 겪고도 자신감 있게 살아남아, 일하면서 자기 가정을 꾸린 성공한 성인 여성의 모습을 보니 참 좋았다. 교수님의 존재 자체가 희망이 있다는 증거였다.

> B-플롯 작업해보자.
> 애들 때문에 미치겠어!

현실

> 웃기면 웃어도 돼!
> 결국은 괜찮아질 거야!

내가 받아들인 말

기숙사로 돌아오면 친구들이 벅찰 만큼의 애정으로 나를 감싸주었다.

- 우리 엄마 사진을 액자에 넣어서 선물해줌
- 꼭 안아줌
- 모차렐라 치즈 스틱을 깜짝 선물함, 그것도 여러 번(!!)
- 시도 때도 없이 빵 터지게 해줌
- 우리끼리 통하는 농담을 밑도 끝도 없이 만들어냄

엄마가 세상을 떠나고 한 달이 채 지나지 않아 스무번째 생일을 맞았다. 우리는 차 두 대에 끼어 타고 빗속을 달려 (내 생일엔 항상 비가 내린다) 볼링장에 갔다. (우리 엄마가 다니던 볼링장은 아니다.)

내가 제일 좋아하는 파인애플 피자도 먹었다.

기숙사에 돌아오니 친구들이 시판 믹스로 만든, 무지개색 스프링클을 잔뜩 뿌린 케이크를 꺼내왔다.

아유, 고마워 얘들아.

내가 좋아하는 것들로 가득했다! 멋진 날이었다!

하지만……

한편 코디는 여러 절친한 친구들의 호의에 기댔다.

스펜서는 혼자 방에 틀어박혀 새로 산 기타를 연습하고 상실감을 담은 달콤쌉싸름한 노래를 만들었다.

출입금지

시바를 마치고 돌아오는 길 플로리다공항에서 아빠가 사준 기타.

스펜서는 이 기타를 루시라고 불렀다.

아주 오랫동안 엄마 옷장을 못 비우게 했다.
엄마가 직접 옷을 걸어둔 옷장이니까. 마침내 옷장을 비우던 때,
엄마가 다시 죽은 것처럼 오열했다.

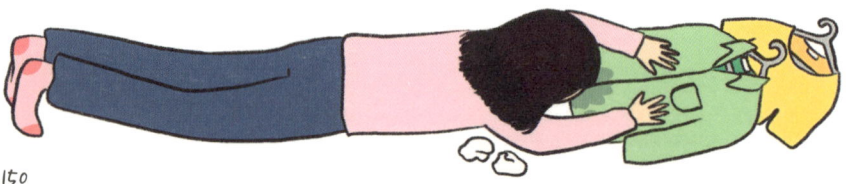

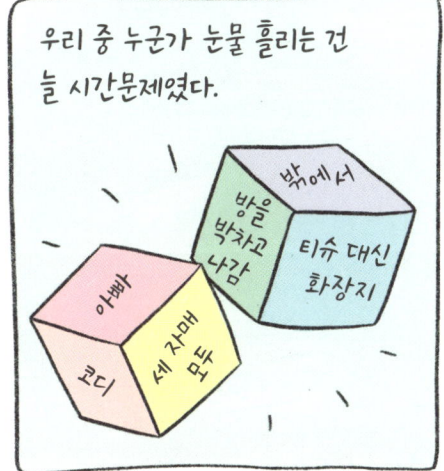

엄마 없이 맞은 첫 추수감사절에 우리는 예전처럼 대가족 식사에 참여하러 시카고로 가는 대신, 추수감사절 뷔페가 열리는 올랜도의 컨벤션 호텔로 갔다.

엄마가 없으니 우리 네 식구가 부스 좌석에 딱 맞게 앉을 수 있었다. 우리는 미키마우스 머리띠를 한 관광객 무리에 둘러싸여 초밥과 조그만 과일 타르트를 먹었다.

이중에 얼마나 많은 이가 자신의 비극을 벗어나려 애쓸까 궁금했다.

힘든 이혼 진행중

자녀들이 독립해 빈자리가 큼

명절을 같이 보낼 사람이 없음

우울했지만, 식탁에서 빈 의자를 마주하는 상황보단 덜 우울했을 것이다.

스티브 론다 마르시아

엄마를 떠나보내고 플로리다로 돌아온 뒤 처음 며칠 동안에는
이 모든 생소한 일을 결국 정상적인 상황으로 느낄 날이 올 거라고 우리끼리 이야기했다.
그후로 몇 달 몇 년이 지나자 명백해졌다.

즉 새로운 정상이라는 것이.
잠깐! 이번 장 제목이잖아!

새로운 정상은 과거의 정상과 같되,
모든 게 남모를 슬픔에 물들어 있다는 차이가 있다.

슬픔에 대한 진부한 처방 중 실제로 효과를 본 것
(적어도 내게는)

옛 사진 들춰보기

슬픈 노래 반복 재생하기

엄마 옷에 엄마의 향수나 화장수를 뿌린 다음 그걸 끌어안기

내 얼굴에서 엄마 얼굴을 찾을 때까지 거울을 빤히 들여다보기

드라마틱한 조깅
(효과를 극대화하려면 머리를 풀 것)

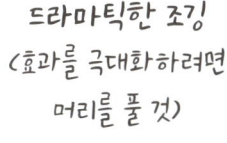

엄마 레시피대로 요리하기

날 이해해주는 친구들과 함께 웃기

고뇌를 담은 예술 창작하기

시원하게 울기
(45쪽에서 소개한 팁 참조)

9장

좋은 것, 나쁜 것, 그리고 어색한 것
(하지만 정말 솔직히 말하자면 대부분은 나쁜 것)

우선, 아주 사소한 것부터 이야기해보자.

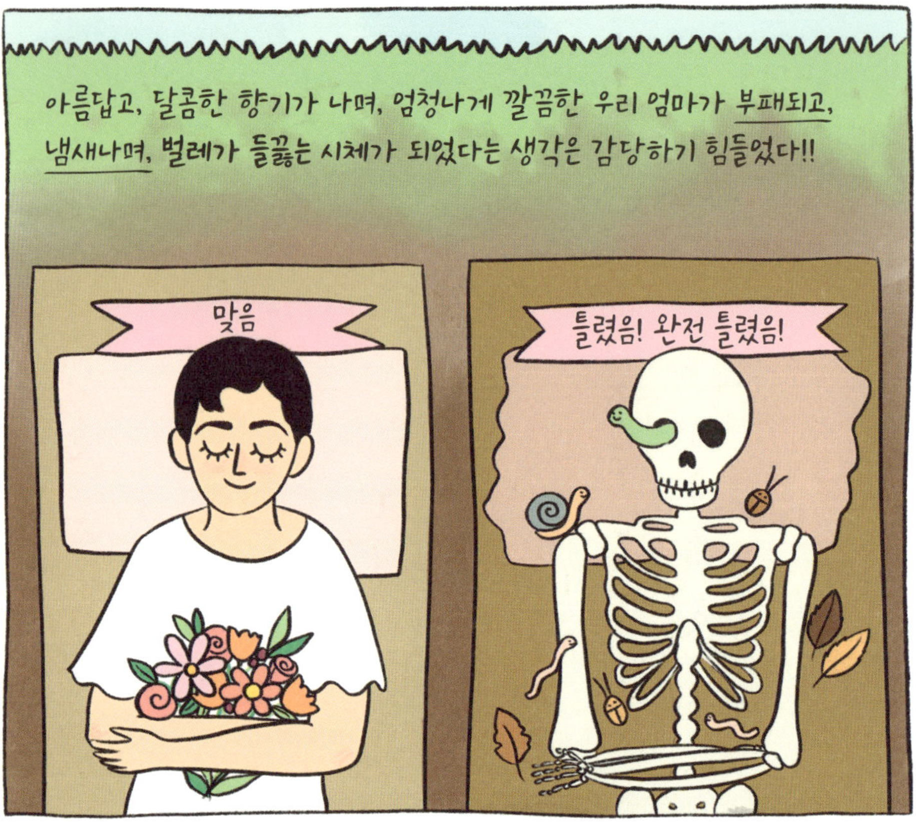

아름답고, 달콤한 향기가 나며, 엄청나게 깔끔한 우리 엄마가 부패되고, 냄새나며, 벌레가 들끓는 시체가 되었다는 생각은 감당하기 힘들었다!!

맞음

틀렸음! 완전 틀렸음!

그런 생각은 자물쇠로 잠가서 머릿속 지하실에 숨겨놓는 편이 훨씬 낫다.

아이고, 여기 깜깜하네!

엄마가 시체라는 생각

로라이즈 진

나도 언젠간 죽는다는 것

실수로 곰팡이 핀 치즈를 먹은 것

중학교

중학교 3학년 때 코를 팠다고 반 애들 앞에서 교생 선생님에게 혼난 것

여름 캠프에서 화장실 게임

우리 고양이가 언젠간 죽는다는 것

160

엄마의 눈 구멍으로 스멀스멀 기어들어가는 벌레에 대한 생각보다 더 은밀하게 나를 사로잡은 것은, 죄책감이었다.

참으로 다양한 형태의 죄책감이 들었다.

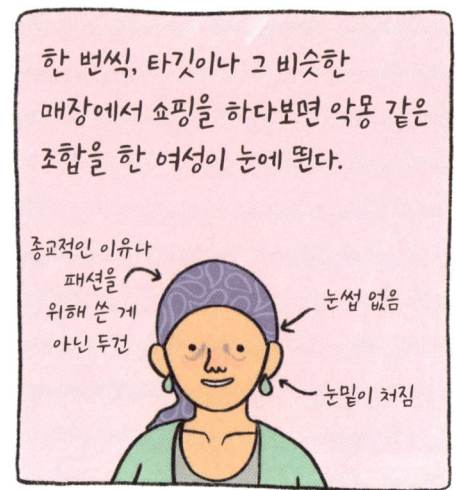

그러나 지금은, 암이 어디에나 있다.

멈춰 주세요!

모기에게 수백만 군데를 물린 것처럼 짜증과 고통이 동시에 밀려온다.

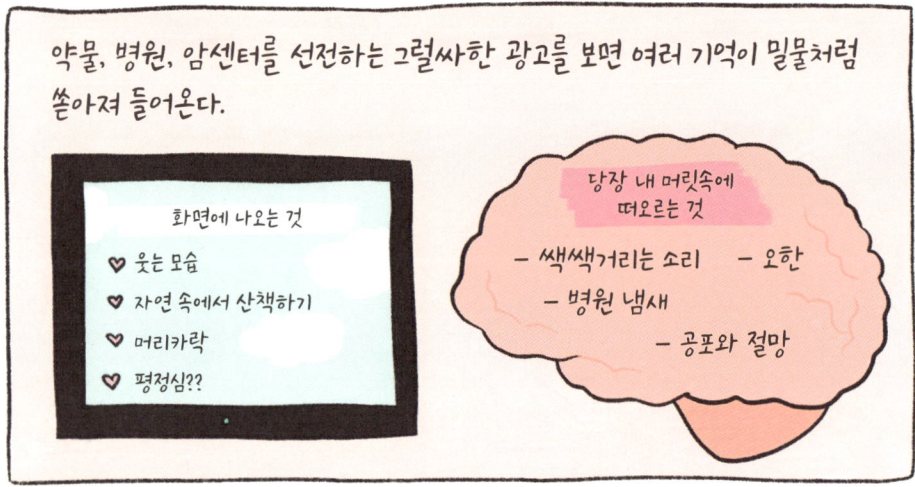

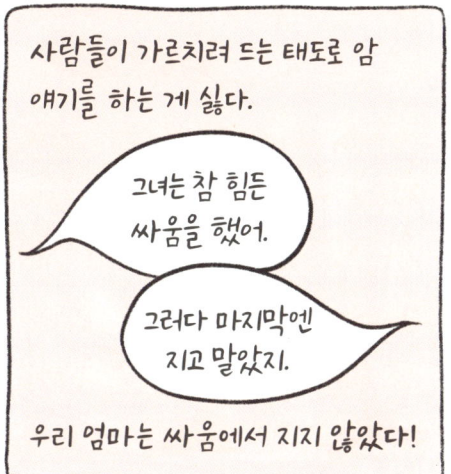

암 생존자들의 감동적인 사연에도 심기가 불편하다.
충분히 노력하고 끈기만 발휘하면 누구나 '암을 이길' 수 있다는 분위기를 전하기 때문이다.
사실은 너무나 많은 부분이 운에 달려 있는데도 말이다.

우리 엄마도 강하고 용감했지만 살아남지 못했다!

엄마는 튀튀를 입고 퍼레이드에 서지 못했다. 자신의 '여정'을 연설로 전하지도 못했다. 엄마의 삶은 그냥 점점 더 나빠지다가 장기가 망가지며 끝나버렸다.

지금 내가 차갑고 냉소적인 철부지처럼 보인다는 건 안다.
끔찍한 병을 이겨낸 좋은 사람들에게 대드는 것처럼 보인다는 것도.

죄송해요!

사람들이 죽길 바라는 게 아니다!!
단지…… 우리 엄마는 그러지 못했는데 그들은 모두 살아남았다는 이야기를 듣고 싶지 않은 것뿐이다.

엘리트 운동선수가 3기 암 극복

"두번째 인생의 기회가 주어졌어요!"

한 여성이 에센셜 오일로 암을 이겨내다.

"미러클 박사를 만나기 전까진 가망이 없다고 생각했어요."

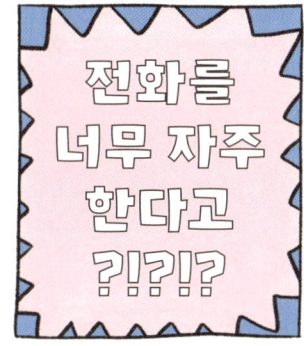

전혀 모르는 누군가가 부모를 잃었다고 말하면 그와 급속도로 친밀해진다. 내가 이미 좋아하는 사람이 자기도 '그 팀' 소속이라고 밝히면, 그를 백만 배는 더 좋아하게 된다. 나는 원래 남과 마음을 터놓고 지내는 데 시간이 꽤 걸리는 편이지만, 엄마가 죽었다는 공통점 하나로 장벽이 당장에 허물어진다!

단순히 엄마가 죽었다는 사실을 공통분모로 교수님, 오래 알고 지낸 고등학교 친구들, 인터넷에서 만난 생판 모르는 사람과 빠르게 친해진 적이 있다.

'죽은 엄마를 둔 자식들의 모임'에는 많은 특전이 따른다.

십 년 동안 상실 속을 헤매며 깨달은 점이 있다면, 슬픔은 엉망진창이다.
미디어에서 주입한 클리셰와 달리, 슬픔에는 어떠한 규칙도 없다.
슬픔은 이동식 유원지의 놀이기구와 똑같다.
시끄럽고 어둡고 혼란스럽고 냄새가 나며 <u>이상하다</u>.

그리고 금방이라도 부서질 것 같은 놀이기구를 탈 때처럼,
혼자가 아닐 때 훨씬 덜 무섭다.

세상에 존재했으면 하는 어플

죽은 엄마 어플

⟨아마도 이름은 '마덜리Motherly' 혹은 단어에서 모음 하나를 영리하게 지운 무언가가 되겠지.⟩

암 또는 어머니의 날 관련 매체 전부 차단하기. (이 어플의 가장 중요한 기능이다!)

전략적인 소셜미디어 포스팅을 위해 엄마의 오래된 사진 저장하기.

영화를 검색해서 혹시 엄마가 죽는 내용이 들어가는지 알아보기!

엄마가 좋아했던 노래로 재생 목록 만들기!

사생활을 보호받고 싶을 때 울음소리를 덮어줄 백색소음 틀기!

요리를 하기엔 너무 우울한 날을 위한 원클릭 배달 주문!

부가 기능: 엄마 없는 다른 사람에게 연락해 애도를 표하기!

10장

엄마 없이 영원히

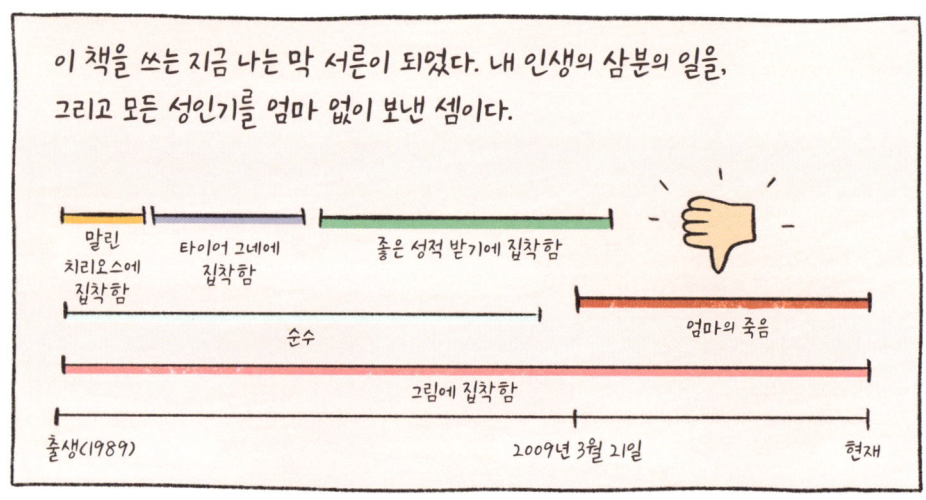

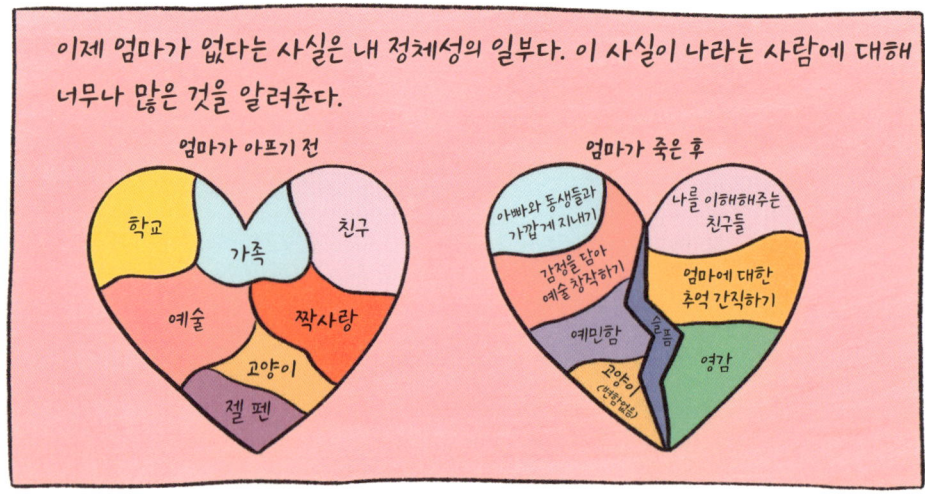

어떤 날에는 비극이 그저 내가 기억하는 옛이야기일 뿐이다.

어떤 날에는 기억이 무척 선명하게 느껴진다. 스트레스에 절었던 그날의 땀냄새를 맡을 정도로.

무엇보다 이런 사소한 것들이 내 신경을 긁는다.

버스에서 엄마를 찾으며 우는 아기

엄마아아아

항상 덩달아 울고 싶은 충동이 든다.

중년여성의 손과 부드러운 팔뚝

라디오에서 흘러나오는 칼리 사이먼 노래

아무것도 변하지 않는다는 걸 알지만, 게임을 해보고 싶다면, 이제 다시 시작될 거야.

엄마와 똑같은 이름을 가진 누군가를 마주칠 때

론다

성인이 되어 엄마와 함께하는 생활을 미치도록 원한다.

엄마와 많은 이야기를 나누고 싶다. 엄마가 내 나이였을 때 어땠는지, 내가 이 책을 써도 괜찮은지 물어보고 조언을 구하고 싶다(엄마라면 내가 구하든 말든 조언을 엄청나게 쏟아냈겠지만).

해가 갈수록 머릿속에서 엄마를 낭만화하기가 더 쉬워진다. 내가 떠올리는 엄마의 모습은 내가 초등학생 때 모습이다.

↑ 짙은 머리색
← 젊음
↗ 모든 걸 아는 것처럼 보임 (그래서 안도감을 줌)

가장 마지막에 보인 모습은 절대 아니며, 엄마가 아프기 직전에 보인 모습도 아니다.

↖ 희끗희끗한 머리
↗ 배 좀 집어넣으라는 잔소리를 계속함
← (가끔 쓰는) 안경
↘ 여전히 큰 안도감을 줌 (배를 집어넣으라고 잔소리하지 않는 경우에)

엄마에 대한 좋은 기억에만 집중하고 나머지는 무시하는 게 자연스럽고도 괜찮은 일처럼 느껴진다.

엄마와 내가 가까웠다는 사실은 하늘이 알고 땅이 안다. 십대 때도 엄마가 쿨하다고 생각했으니 말 다 했다. (실없는 쿨함이야말로 최고 아닌가.)

"같이 발맞춰 가보자!"

우리가 함께한 짧은 시절 동안 분명 나쁜 시간보다 좋은 시간이 훨씬 많았지만, 우리 관계가 완벽했던 건 단연코 아니다! (결국 이 세상에 완벽한 관계란 없으니까.)

엄마는 47세가 된 지 석 달 만에 세상을 떠났다. 나는 47이라는 숫자를 증오한다. 어디에서 보든 그 숫자는 사악해 보인다.

행여 그 숫자가 눈에 띄면 즉시 시선을 돌린다.

내가 어쩌면 48세까지 살 수도 있다는 사실이 아주 괘씸하게 느껴진다.

언젠가는 엄마가 살아본 나이를 넘어설 것이라는 사실이 끔찍한 환상처럼, 이기적이고 잘못된 일처럼 느껴진다.

나는 젊어서 암으로 죽을 거라는 생각을 자연스럽게 갖게 되었다.

중년의 위기를 맞을 나이가 됐군……

운이 좋아 오래 살게 된다면, 마흔일곱번째 생일 직전에 유난을 떨리라 확신한다.

오늘을 내 마흔여섯번째 생일을 두번째로 기념하는 날이라고 하자, 어때??

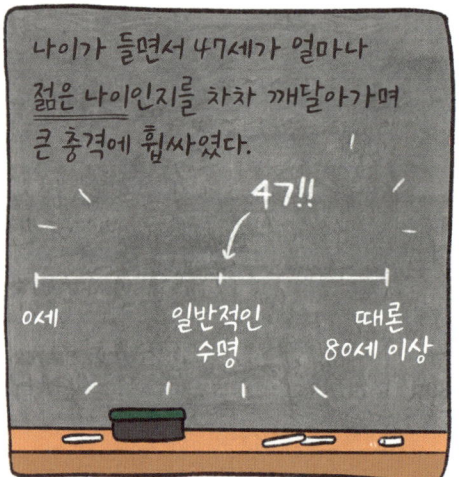

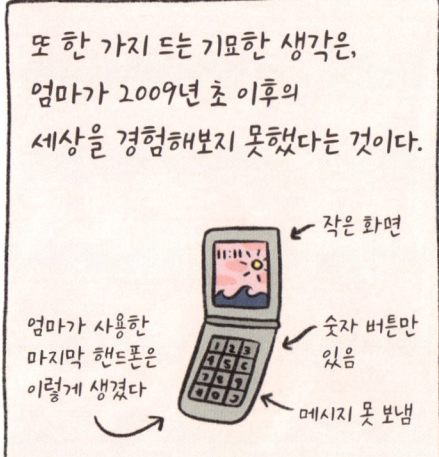

엄마가 2009년 3월에 죽지 않았더라면 지금 어떻게 살고 있을지 동생들과 즐겨 상상한다. 어떤 헤어스타일을 하고 있을까? 어떤 옷을 입을까? 어떤 은어를 사용할까?

2008년의 엄마

- 슬슬 희끗희끗해지는 가느다란 머리카락
- 올드네이비의 티셔츠
- 지퍼로 길이를 조절하는 카고팬츠
- 플립플롭
- 작은 캘리그래피 사업을 막 시작했음

"눈썹이 완벽하구나!"

2020년의 엄마 (내 버전)

- 은빛 머리칼, 옆머리를 짧게 치고 윗머리는 기름
- 내가 주관하는 공예 박람회에서 산 멋진 귀걸이
- 올드네이비의 버튼다운 셔츠
- 모녀 커플 타투
- 밑단을 접어올린 청바지
- 캔버스 신발
- 마음을 진정시키는 캘리그래피 동영상으로 가득한, 인기 인스타그램 계정 운영중
- 사업도 번창하는 중

엄마가 2009년에 죽지 않았더라면
아주 좋아했을 것들

사람들이 내향성에 대해
이야기한다는 사실

레스토랑에서 엄마의 최애 음식인
아보카도 토스트를 주문할 수 있음

메시지와 이모티콘
(특히 이 이모티콘)

라크로이 탄산수의
모든 신상 맛

우리 가족을 카다시안 가족과
비교하기

(엄마는 분명히
크리스 역이었을
것이다)

"갓 딴 스키피*보다
부드럽지"라는 업타운펑크의
노래가사

* 땅콩버터 브랜드 이름—옮긴이

어릴 적에 본 광고를
유튜브에서 찾아서
내게 보여주기

곤도 마리에의 모든 것

밴드 하임
(그들도 세 자매니까!!)

수없이 많은 아이폰 게임,
특히 캔디크러쉬와
워즈 위드 프렌즈

팟캐스트(진짜 완전
좋아했을 게 분명하다)

눈썹에 대한
엄마의 집착에
다른 사회 구성원들도
동참했다는 사실

해가 갈수록 엄마를 잊어가는 것 같아 걱정스럽다. 공항 무빙워크에 서서, 엄마 없이 미래를 향해 천천히 나아가며 그 위에서 점점 작아져가는 엄마를 바라보는 기분이다.

벌써 엄마 목소리가 기억나지 않는다.

?

한동안 우리집 자동응답기 안내 메시지로 엄마가 녹음한 목소리가 나왔다. 엄마 목소리를 듣는 게 너무 고통스러워서 벨이 두 번쯤 울리면 그냥 전화를 끊어버렸다.

안녕하세요! 페더네 전화하셨군요. 지금은 전화를 받을 수 없습니다. 저는 죽었거든요.

다행스럽게도 엄마의 웃음소리는 머릿속에서 하도 많이 반복 재생해서 평생 잊을 리 없다.

헤 헤 헤 헤 헤

최고

플로리다 눈사람

하지만 엄마를 잃고 너무 오랜 시간이 지났기에 어떤 신비로운 이유로 엄마가 내 소파에 나타나면, 낯을 가릴 것 같다.

엄마?

타일러!

그럴 일은 없을 가능성이 아주 높은 만큼, 일상 속에서 엄마에 대한 기억을 생생하게 간직하기 위해 무엇이든 한다.

엄마가 뿌리던 향수를 뿌리는 걸 좋아한다. 각별히 힘이 필요한 날은 더더욱. (아마존 상품평에 '할머니 향수'라고 써 있든 말든 상관없다!!)

← 비누향
↙ 스파이시한 향

음…
강박적으로 손목 향기 맡는 중 →

특별한 날에는 엄마의 오래된 장신구를 착용한다.

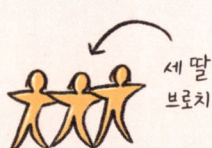
세 딸 브로치

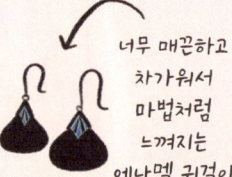
너무 매끈하고 차가워서 마법처럼 느껴지는 에나멜 귀걸이

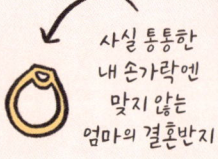
사실 통통한 내 손가락엔 맞지 않는 엄마의 결혼반지

지갑에는 사용 기간이 지난 기프트카드와 엄마의 낡은 사진이 함께 들어 있고, 엄마의 자그만 잡동사니가 아파트 곳곳에 놓여 있다.

엄마가 어릴 적 '무지개에 빠진 시기'에 사용한 베갯잇

예쁜 유대교 팽이 세트 (엄마는 하누카의 다섯번째 밤에 태어났다)

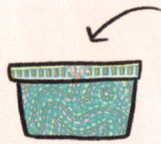
내가 어렸을 때 엄마가 물감 펜으로 꾸민 아기 물티슈 함 (지금은 엄마의 낡은 캘리그래피 펜이 들어 있다)

엄마의 할머니가 '내가 죽거든' 가져도 된다고 허락했다는, 내가 제일 좋아하는 올리브 모양 꽃병

우리 가족도 나도 엄마가 죽기 전과 변함없이 엄마 말을 인용하고, 항상 엄마 이야기를 한다.

"아이고 냄새야, 코 아파!"

"세상에, 저 로고 엄마가 진짜 싫어했겠다!!"

"엄마가 이 프로그램을 좋아했을까?"

때로 우리는 재미삼아(?) 엄마 무덤을 찾아간다. 특별한 날이 아닐 때 무덤에 가는 게 좋다. 주위의 누구도 질문을 던지지 않는 그런 날에. 나는 제일 예쁜 조약돌을 찾아서 조심스레 묘비에 올려놓는다.

유대인들은 꽃 대신 돌을 사용한다. (여기에는 다양한 설명이 따르지만, 나는 그 돌이 엄마 영혼 곁에 내 영혼의 일부를 놓아두는 상징이라는 해석을 좋아한다.)

묘지는 슬프다기보단 평화롭다. 추억으로 가득한 드넓은 들판처럼. 날씨가 좋을 때면 새소리가 들린다. 새들은 저들이 둥지를 틀기로 한 나무가 다른 나무와 어떻게 다른지 모른 채 행복하게 지저귄다.

이따금 엄마의 장지 위 부드러운 잔디 위에 눕는다.
묘비 바로 아래 머리를 두고.

론다 페더
61.12.19-09.3.21

눈을 감으면 엄마가 그곳에,
바로 내 옆에 누워 있다고 상상할 수 있다.

론다 페더
61.12.19-09.3.21

안녕
타일러.♡

지금 헤어스타일이 마음에 드는구나.

하지만 그 셔츠는 좀 버리렴.

보풀이 일었잖니.

어휴, 날씨 때문에 손이 건조하네.

이따금 엄마와 직접 교신하는 것 같은 착각이 든다.

바닥에 양반다리를 하고 앉아 색연필을 색깔별로 정리할 때, 엄마를 느낀다.

청바지를 입고 까만 양말을 신을 때, 내려다보는 발은 엄마의 발이다.

립스틱을 바를 때 내 얼굴에서 엄마가 보인다.

여동생들과 함께 눈웃음을 지을 때에도 그렇다.

때로는 내 표정이 마음속 깊은 곳에서부터 엄마와 닮았다는 걸 느낀다. 꼭 빙의된 기분이다. 아주 멋질뿐더러 하나도 무섭지 않은 빙의.

패션에 영감이 필요할 때면 오래된 엄마 사진을 참고한다. 누가 날 보고 엄마가 떠오른다고 하면 그거야말로 최고의 칭찬이다.

"멋져 보이는걸!"

나는 시카고 교외에서 자랐지만 지금은 도시에서 산다. 우리 부모님이 젊은 부부이던 시절, 내가 신생아일 적 살았던 아파트 아주 가까이에 산다.

부모님이 살던 옛 동네를 거닐 때면 엄마가 똑같은 길을 걸었을까 궁금하다. 작은 식료품점의 냉동식품 코너 앞에 서면, 엄마도 똑같은 자리에서 체리 가르시아가 세일하는지 확인해봤을까 궁금하다.

지금 엄마가 어디 있는지 모른다……

천국에서 스크래블 게임을 하고 있을지도 모른다. 세상을 떠난 다른 쿨한 친척들과, 그리고 예컨대 노라 에프런*과.

어쩌면 엄마의 에너지는 땅으로 재흡수되어 나비와 나무를 아름답고 기운차게 길러내고 있을지도 모른다.

* <해리가 샐리를 만났을 때>를 비롯해 여러 로맨틱코미디 각본을 쓴 시나리오 작가—옮긴이

어쩌면 제일 좋아하는 장소의 지박령이 되었을지도 모른다.

홈디포

십자드라이버는 그번 통로에 있지이이이이이.

어쩌면 강한 새로 환생해서 우리 모두의 머리 위에서 날고 있을지도 모른다.

확실한 사실 하나는, 엄마와 함께한 19년을 다른 엄마와 보내는 100년과도 바꾸지 않으리라는 것이다(특히 [검열]이라면).

↑ 19쪽에서 얘기한 내 어릴 적 친구의 엄마 말이다, 헤헤헤헤.

여러 해 전 어느 봄방학에 엄마와 동생들과 함께 아빠를 만나러 플로리다로 가고 있었다(아빠는 출장차 이미 거기 머물고 계셨다).
우리 자리는 이렇게 배정되었다.

기술적 문제가 발생해 이륙 전에 비행기에서 무척 오래 기다려야 했다.

엄마 옆에 앉은 꼬마는 점점 불안해하더니 이내 겁을 먹었다. 아이를 데리고 탄 어른은 어찌할 바를 모르는 것 같았다.

스카이몰 카탈로그를 흘끗 보다가 고개를 들어보니 엄마가 순식간에 멀미할 때 쓰는 종이봉투로 손 인형을 만들어 들고 있었다.

아이는 손 인형에 홀딱 반했다.

남은 비행 시간 내내, 기류가 불안정할 때마다 엄마는 다시 '꼬마 구토 아가씨'를 꺼내들었다. 그러면 백발백중 아이는 즉시 진정되었다.

비행기가 착륙하자 아이는 고사리손으로 종이 인형을 꼭 움켜쥐고 내렸다.

그날 엄마가 너무나 <u>자랑스러웠다</u>.

"사랑해요, 엄마."

엄마는 비행기 옆자리에 앉은 사람과 대화를 즐겨하는 사람이 전혀 <u>아니었다</u>. 오히려 조용히 앉아 땅콩 엠앤드엠스를 먹으며 단어 퍼즐 푸는 걸 선호했다. 멀미용 봉투로 손 인형을 만드는 건, 뭐랄까, 원래 우리 가족다운 일이 아니었다. 비행기에서 쭉 해오던 활동이 아니었다.

엄마는 단지 상황을 파악하고, 쓸모없는 것을 이용해 뭔가 다정한 물건을 만들 방법을 알아냈을 뿐이다.

엄마가 아프기 오래전, 엄마의 죽음은 내게 일어날
가장 무서운 일처럼 느껴졌다. 그리고 그 일은 실제로 일어났다.
그 일은 실제로 내게 일어날 수 있는 최고로 무서운 일이었다.
하지만 나는 견뎠다.

십 년이 흐른 지금, 나는 아직 여기에 남아서
쓸모없는 것을 뭔가 다정한 것으로 바꾸려 애쓰고 있다.
엄마가 그랬을 것처럼.

내가 제일 좋아하는 엄마 사진

후기

많고 많은 사진

〈내가 생각하기론〉 우리의 첫 사진.

우리가 찍은 마지막 사진.
진단받고 일주일쯤 뒤일 거다.

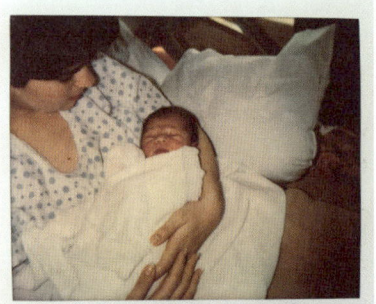

내가 너무나 사랑하는
엄마의 글씨

항암요법에 들어가기
전이라 머리카락이
남아 있다

내 마음속 우리의 모습.

우리의 평소 분위기.

달래는 중

격한 흥분 상태

〈나는 하버드에
가지 못했다.〉

* '미래의 하버드생'이라고 적혀 있음.—옮긴이

지극히 암울했던 시기에
나를 이끌어준 엄마.

수영장에서 엄마를 '끌고 가면서'
엄청 재밌어하는 중.

시바 막판에 코디를 위해 묘하게 시적이고
유치한 케이크를 꾸미는 중인 스펜서.

코디의 생일 '파티'에서 아주 신난 듯이
보이는 우리 셋.

엄마가 죽은 지
2주도 안 됐는데!

엄마가 죽기 7년 전쯤의 페더네 딸들.

엄마가 죽고 7년쯤 지난 페더네 딸들,
어느 때보다도 끈끈함!

5인 가족으로 처음 찍은 가족사진.

4인 가족이 되고 처음 찍은 가족사진.

내 인생의 하이라이트 중
하나인 알라딘 테마의 생일 파티.

온 가족이 엄마표 핼러윈 의상을 입고 뽐내는 중.
(나는 나비, 코디는 벌,
스펜서는 무당벌레로 변신했다.)

봄을 테마로 한 생일 파티 때
엄마가 만든 얼굴 구멍이 뚫린 포토존.

엄마가 장기를 발휘해
마스킹테이프로 사방치기 판을 만드는 중.

디즈니 월드에서 엄마의
마지막 생일을 축하하는 중.

엄마와 나는 아주 잘 나왔고
나머지는 웃기게 나와서 좋아하는 사진.

아픈 엄마의 사진 중 유일하게
눈물 없이 볼 수 있다.

1980년대풍 머리끈을 팔러 수공예 마켓에 나간 엄마와 나.

론디자인이라니!! 천재적인 이름이다!

행복했던 병원생활. (스펜서가 태어났을 때다.)

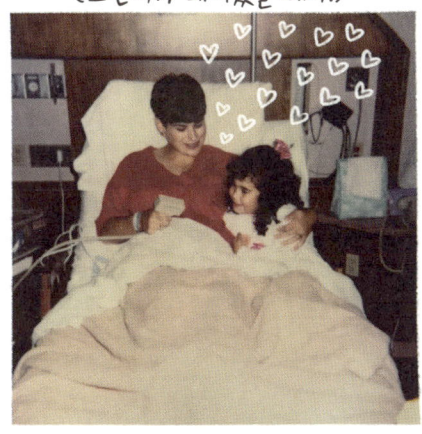

처키치즈에서 사진을 찍은 모녀 중 가장 무표정한 한 쌍.

우리의 본질을 제일 잘 보여주는 자연스러운 사진.

성인식 때 훌라후프를 하는 나.

나와 비슷한 나이에 꿈도 못 꿀 정도로 쿨한 모습으로 훌라후프를 하는 엄마.

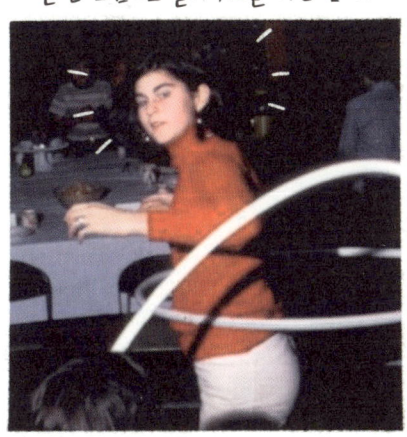

APRIL 19, 2008

Dear Tyler—

Your birthday this year
is the
perfect occasion
to tell you again
what you already know—
Yours is the gift
of a <u>beautiful</u> <u>spirit,</u>
and <u>love</u>
<u>will</u> <u>surround</u> <u>you</u>
<u>wherever</u> <u>you</u> <u>go</u>.

Happy 19th Birthday

We love you very much and are so proud to have you for a daughter! We wish you a wonderful year filled with everything that makes you happy.

LOL →

HAPPY GOLDEN BIRTHDAY!
♡ LOVE + KISSES, Mom and Dad xxx ooo

엄마가 내게 써준 마지막 생일 카드

2008년 4월 19일

사랑하는 타일러에게

올해 네 생일은
네가 이미 아는 사실을
또 한번 일러줄 절호의 기회로구나.

네 생일은
아름다운 영혼의 선물이고
네가 어디를 가든
사랑에 둘러싸일 거란다.

(열아홉번째) 생일 축하한다.

너를 정말 사랑하고 네가 우리 딸이라서
정말 자랑스러워! 널 행복하게 하는 모든 것으로 가득한
하하하 → 근사한 한 해가 되길 바란다.

멋진 '황금 생일' 축하해!*

사랑과 키스를 잔뜩 보내며,
엄마 아빠가

* 미국에서는 생년월일의 일에 해당하는 숫자와 같은 나이가 되는 해의 생일을 '황금 생일'이라고 부른다 ― 옮긴이

기억나지도 않는 어린 시절에 내가 종이 접시에 그린 그림.
이 책 전체를 요약해준다.

눈썹 그리는 걸
까먹은 사실만
제외하면!!

감사의 말

용감무쌍한 에이전트이자 소중한 친구 모니카 아덤, 인간의 모습을 한 햇빛인 (그러니까, 엄청 똑똑하고 완벽한 곱슬머리를 지닌 햇빛인) 그녀에게 고맙고 고맙고 또 고맙다. 출판인이자 편집자이자 문학 수호천사인 로리 호르닉 그리고 다이얼과 펭귄 틴 출판사 팀에게 보내는 사랑과 감사로 내 잔이 넘치나이다. 그들이 아니었다면 이 책은 대학 시절 논픽션 창작 수업에서 끼적인 넉 장짜리 에세이로 그쳤을 것이다. 열린 마음과 선한 마음씨를 지닌 환상의 아트디렉터 제니 켈리에게 백만 번의 포옹을 보낸다. 그녀가 보내는 이메일은 완전 내 취향이다. 숨막히게 이어지는 느낌표와 이모티콘이라니!! 나의 상담사 컨 박사님은 무한한 인내심을 지닌, '애도 클럽' 팀의 비공식적이되 핵심적인 인물이었다. 그 덕분에 불안의 구름으로 기화하는 운명을 피하고 책 출간 과정을 버텨냈다! 야호!

글쓰기 혹은 미술 혹은 둘 다에 대한 나의 사랑을 격려해준 여러 멋진 선생님들께 커다란 금빛 별 훈장을 드리고 싶다. 리지나 스튜어트, 미아 매컬러, 로버트 건들락, 울라 비스, 뎁 소코로, 빌 프리츠, 더그 제닝스, 도나 히크먼, 패트릭 페어차일드, 조앤 애커먼짐니, 주디 쿠퍼, 마시 코언 선생님께. 지난 몇 년 동안 내 작품을 스크랩하고 리트윗하고 공유해준 인터넷상 선한 사람들에게, 나중엔 친구가 된 엣시 고객들에게, 현실 친구가 된 온라인 친구들에게, 그리고 책 작업 때문에 너무 바빠서 만나지 못하느라 온라인 친구가 되어버린 현실 친구들에게. 당신들이 없었더라면 문자 그대로 이 일을 못 했을 것이다.

일 년 내내 암과 죽음에 대해 이야기하며 분위기를 망치는데도 끊임없이 나를 격려해준 코디와 스피노와 아빠에게 감사한다. 여러분은 내 전부다. 다음 점심식사 자리에서는 TV 프로그램이나 뭐 그런 것에 대해 얘기하겠다고 약속한다.

모든 좋은 의미로 엄마를 떠올리게 하는 마르시아 이모에게 진한 포옹을 보낸다. 엄마를 붙들어두기 위해 쉼없이 애쓴 새러소타 메모리얼 병원의 훌륭하고 다정한 의료진에 감사드린다.

마지막으로, 내게 생명을 주고 손 그리는 법을 가르쳐준 엄마에게 감사드린다. 엄마가 어디 있든 내 사랑을 느낄 수 있길. ♥

옮긴이 **박다솜**

서울대학교 언어학과를 졸업했다. 옮긴 책으로 『매일, 단어를 만들고 있습니다』 『관찰의 인문학』 『죽은 숙녀들의 사회』 『여자다운 게 어떻어』 『요즘 애들』 『스피닝』 등이 있다.

애도 클럽

초판 인쇄 2022년 11월 8일
초판 발행 2022년 11월 22일

지은이 타일러 페더 | 옮긴이 박다솜
기획·책임편집 임혜지 | 편집 유지연 이희연 염현숙
디자인 이효진 | 마케팅 정민호 이숙재 박치우 한민아 이민경 안남영 왕지경 김수현 정경주
브랜딩 함유지 함근아 김희숙 고보미 박민재 박진희 정승민 | 저작권 박지영 형소진 이영은 김하림
제작 강신은 김동욱 임현식 | 제작처 한영문화사

펴낸곳 (주)문학동네 | 펴낸이 김소영
출판등록 1993년 10월 22일 제2003-000045호
주소 10881 경기도 파주시 회동길 210
전자우편 editor@munhak.com | 대표전화 031) 955-8888 | 팩스 031) 955-8855
문의전화 031) 955-3578(마케팅) 031) 955-2672(편집)
문학동네카페 http://cafe.naver.com/mhdn
인스타그램 @munhakdongne | 트위터 @munhakdongne
북클럽문학동네 http://bookclubmunhak

ISBN 978-89-546-8986-1 07840

* 잘못된 책은 구입하신 서점에서 교환해드립니다.
  기타 교환 문의: 031) 955-2661, 3580

www.munhak.com